## Zu diesem Buch

Christine Swientek, die Autorin dieses Buches, ist der Karin P. vor sechzehn Jahren begegnet. Damals war sie junge Sozialarbeiterin. Dieser, ihr erster Fall, hat sie nie verlassen.

Sie konnte wenig helfen, nur zornig und genau beschreiben, wie ein Mensch scheitert.

Der Abstand scheint unüberwindlich. Die traurigen Gestalten, die sich auf Bahnhöfen und öffentlichen Plätzen herumdrücken! Sie übernachten auf Parkbänken und sind selten nüchtern, können nur Abscheu oder Mitleid erwecken, aber kaum Verständnis. Schlimm genug, die Männer! Aber daß auch Frauen so tief sinken?

Der Fall Karin P. macht deutlich, wie es dahin kommt: eine Kindheit in «öffentlicher Fürsorge», eine Jugend unter Aufsicht der Behörden – kaum Chancen für ein normales Leben. Auf jedes Stolpern reagiert die Gesellschaft mit Sanktionen, die weiter ins Abseits drängen. Karin P. wird straffällig, tablettensüchtig, Pennerin, denn nur in der Gesellschaft der Gescheiterten fühlt sie sich zu Hause. Sie hat nie eine andere Chance gehabt. «Sie ist ein Mensch, der immer wieder versuchte, Boden unter die Füße zu kriegen. Und sie ist ein Mensch, der sich diesen Boden immer wieder selbst unter den Füßen wegzog – oder es anderen leichtmachte, diese Funktionen im Namen des Volkes für sie zu übernehmen.»

CHRISTINE SWIENTEK, 42 Jahre alt, Dr. phil., Sozialarbeiterin, Dipl. Päd., lehrt zur Zeit an der Universität Hannover; unverheiratet, ein Kind. Bei «Frauen aktuell» ist 1982 ihr Band «Ich habe mein Kind fortgegeben. – Die dunkle Seite der Adoption» (Nr. 5119) erschienen.

Christine Swientek

# Das trostlose Leben der Karin P.

Geschichte einer Pennerin

Mit Fotos von Ali Paczensky

Rowohlt

rororo aktuell – Herausgegeben von Freimut Duve
Originalausgabe

Frauen aktuell
Herausgegeben von Susanne v. Paczensky

Wir gehen davon aus, daß der Kampf um Menschenrechte notwendig auch ein Kampf um Frauenrechte sein muß. Wir wissen, daß Frauen speziellen Formen der Unfreiheit und der Ungerechtigkeit unterworfen sind, daß ihre Beteiligung am politischen Handeln auf besondere Hindernisse stößt. Diese Handlungen sichtbar zu machen, wo möglich abzubauen – durch Erfahrungsberichte, Erklärungsversuche und Lösungsvorschläge –, ist das Ziel von «Frauen aktuell».

11.–14. Tausend April 1986

Veröffentlicht im Rowohlt Taschenbuch Verlag GmbH,
Reinbek bei Hamburg, Juni 1985
Copyright © 1985 by Rowohlt Taschenbuch Verlag GmbH,
Reinbek bei Hamburg
Alle Rechte vorbehalten
Umschlagentwurf Werner Rebhuhn (Foto Ali Paczensky)
Satz Times (Linotron 202)
Gesamtherstellung Clausen & Bosse, Leck
Printed in Germany
980-ISBN 3 499 15633 4

# Inhalt

# I. Stadtstreicher-Alltag

«Es gibt Brüche,
die einen zwingen,
ein ganzes Leben lang
auf Krücken zu gehen!»

# Aufzeichnungen von Karin P.

## Leben

«Unsere Clique besteht ungefähr aus vier bis fünf weiblichen Pennerinnen und zehn bis fünfzehn männlichen Pennern. Das Alter so zwischen 17 bis 50 Jahre. Meistens sind es verkrachte Existenzen (Scheidung, Arbeit verloren, Frau gestorben). Viele, so wie ich, wurden durch Heime vorprogrammiert. Es stoßen auch heute immer wieder Personen zu uns, die aus Heimen ausgerissen sind oder die ihren Knasturlaub verlängern. Diskriminierungen gibt es bei uns nicht. Die Pennerin ist genauso gewertet wie der Penner. Ich persönlich werde auch von allen akzeptiert. Ich brauche mir auch keine Sorgen zu machen, wo ich nächste Nacht penne, denn ich wurde immer mitgenommen, egal wo Platte gemacht wurde. Beim Platte schieben (irgendwo draußen schlafen) trennen sich unsere Wege, d. h. drei Personen haben dort und wieder ein paar andere woanders ihre Platte. Am anderen Morgen trifft man sich wieder in der Passerelle.\*
Wir haben auch zwei lesbische Stadtstreicherinnen, die mit uns Platte machen. Das Vertrauen war vorhanden und sie wurden von keiner männlichen Person angefaßt. Daß ich einen festen Freund habe, der aber im Knast ist, wird auch voll akzeptiert, so daß ich problemlos mit meinen Kumpels Platte schieben kann. Das einzige Problem ist eigentlich, daß wir nachts von den Bullen aus dem Schlaf gerissen und kontrolliert werden, des öfteren auch die Schlafstätte verlassen müssen, was wir auch tun. Aber nach einer halben Stunde suchen wir wieder unsere

---

\* Die Passerelle (im Volksmund auch Pennerelle genannt) ist eine unterirdische Fußgängerzone in Hannover, die im Verlauf des U-Bahn-Baus unter dem Hauptbahnhof angelegt wurde. Sie beherbergt zahllose kleine Geschäfte, Imbißbuden, Brunnen mit Sitzgelegenheiten und «Straßenkunst»-Objekte. Von den Stadtstreichern wird sie besonders gern bevölkert: bei Kälte und Nässe bietet sie Schutz. Gleichzeitig sind sie dort dem Zugriff durch die Bahnpolizei entzogen. Selbst die Stadtstreicher, die «Bahnhofsverbot» haben, können sich in der Passerelle wie auf jeder öffentlichen Straße aufhalten und haben für ihre Anwesenheit weder Verweis noch Anzeige zu befürchten.

Schlafstätte auf, wo wir dann bis sechs Uhr unsere Ruhe haben. Wenn wir uns so zwischen 6 und 8 Uhr in der Passerelle treffen, fängt gleich das Saufen an. Das Geld für die Bombe (Liter Wein) wird meist vom Tag vorher gebunkert. Zwischendurch gehen einige in eine öffentliche Toilette, um sich frisch zu machen. Wir Frauen waschen uns auch unter kaltem Wasser die Haare. Die Toilettenutensilien tragen wir stets bei uns oder sie werden in ein Schließfach eingeschlossen.

Die Stadtstreicher, die im Männerwohnheim übernachtet haben, bringen uns Brot und Aufschnitt mit. Ein paar männliche Penner machen dann an verschiedenen Stellen Sitzung (mit Schild und Hut am Straßenrand sitzen). Das zusammengebettelte Geld kommt in den Pott (auf die Erde wird ein Kreis gemalt). Wenn wir Frauen Appetit auf einen Kaffee haben, wird dazu Geld aus dem Pott genommen oder wenn ich meine Tageszeitung brauche. Nun bleibt es nicht aus, daß in den Läden gestohlen wird, aber nur Alkohol. Eine Cola wird gekauft und der Sprit wird aus dem Laden geschmuggelt. Ob Penner oder Pennerin, zum Saufen muß jeder das Risiko eingehen. Sozialhilfe bekommt man nur, wenn man angemeldet ist. Ob man dort (im Frauenheim) auch wirklich wohnt, ist für die Sozialarbeiter unwichtig. Hauptsache, die Anmeldebestätigung wurde vorgelegt. Ich habe pro Woche

76 bis 78 DM bekommen. Für größere Textilien (Schuhe, Jacke, Pulli) gibt es extra einen Kaufschein. Von den 78 DM kaufe ich mir erst mal alles, was für mich wichtig ist. Die Tageszeitung, einmal in der Woche den *Stern*, Tabak und des öfteren einen Slip. Vielleicht auch mal eine Bockwurst oder ein Brötchen. Der Rest wird meistens in Alkohol umgesetzt. Das Geld reicht nur zwei bis drei Tage. Wenn man's genau nimmt, ist das Geld noch am selben Tag ausgegeben. Unterkunft usw. wird extra vom Sozialamt bezahlt.

Wir haben auch ein oder zwei Stadtstreicher dabei, die Arbeitslosengeld bekommen, dafür können wir dann eine Woche gut leben. Gegen abend kommt jeden Tag (außer Samstag und Sonntag) ein Mann von der Arbeit und bringt uns das restliche Kantinenessen vorbei. Sobald die Frauen sich sattgegessen haben, essen die Männer. An den Wochenenden gehen wir zur Heilsarmee, aber mehr als für jeden zwei belegte Brote ist nicht drin. Übrigens, saubere Klamotten werden auch von der Heilsarmee geholt. Wenn ich ganz ehrlich bin, an den Wochenenden habe ich schon öfter verdammten Kohldampf geschoben. Die Wochenenden sind sowieso am schlimmsten, denn dann können wir den Alkohol nur am Bahnhof holen. Dort kostet eine Bombe 6 DM, bei Coop 2,49 oder 3,98 DM. An den Arbeitstagen werden etwa pro Tag

an die zwanzig Bomben, ein paar Flaschen Mischung
(Cola-Rum) oder sonstiges getrunken. An den Wochenenden meist nur zehn Flaschen Rotwein. Nun, durch unser stetes Zusammenhalten packen wir es immer wieder.
Wenn mal ein Spinner auf uns zukommt und noch herum-
prahlt, wieviel Geld er bei sich hat, wird er natürlich von
uns ausgenommen, in manchen Fällen auch beraubt. Es
gibt leider auch ein oder zwei Schlägertypen, die aber nur
aggressiv werden, wenn sie besoffen sind. Im ganz selte-
nen Fall wird auch mal eine Frau geschlagen, was mir
aber eigentlich nur passiert, wenn mein Freund aus dem
Knast ist. Sonst habe ich nur unter den Bullen zu leiden.
Zwei- oder dreimal am Tag werden wir von den Bullen
kontrolliert, aber meistens riecht man sie schon von weitem. Dann können wir die Leute, die vom Knasturlaub
nicht zurückgekehrt sind oder die aus einem Heim abgehauen sind, warnen. Jugendliche werden von uns wegge-
jagt, weil wir mit denen keinen Ärger haben wollen.
Es gab Zeiten, da habe ich als einzige weibliche Person
mit sechs bis sieben Männern Platte geschoben, und ich
fühlte mich echt sauwohl dabei, zumal ich von meinen
Kumpels voll beschützt wurde. Eine alleinstehende Frau
in unseren Kreisen wird nicht herumgereicht, und vor
Vergewaltigung braucht sie keine Angst zu haben. Überwiegend haben die Penner ihre Potenz sowieso durch den

Alkohol verloren oder sind so besoffen, daß kein Geschlechtsverkehr mehr geht. Einige jüngere Stadtstreicher gehen auch auf die Toilette und befriedigen sich selbst. Und wenn es wirklich mal zu einem Geschlechtsverkehr kommt, dann geschieht das freiwillig. Verhütungsmittel werden nicht genommen, soviel ich weiß. Und wenn, dann Pariser. Ich zum Beispiel brauche keine Verhütungsutensilien, weil ich keine Kinder bekomme. Ich war zwar nicht beim Arzt, aber normalerweise hätte ich schon längst ein Kind haben müssen. Aber ich bin ganz froh, daß es nicht passiert ist.

Wir hatten mal eine Frau dabei, die hatte lauter Flechten am Körper, so daß sie nur Flechtensusi oder Schuppensusi hieß, und sie wurde von den wenigsten Pennern beachtet. Wir haben nun mal nicht jeden Tag Gelegenheit zum Waschen, und wenn man sich total dreckig fühlt und die Haare vor Fett stehen, dann gehen wir in eine öffentliche Toilette und waschen uns, soweit es geht. Die Männer gehen auch zum Bahnhof und rasieren sich und einige lassen sich einen Bart wachsen.

In unseren Kreisen wird jede Frau, ob Freund oder nicht, akzeptiert. Man versucht zwar, ihr etwas näher zu kommen, aber wenn sie nicht will, dann wird sie in Ruhe gelassen. Von irgendeiner Vergewaltigung ist mir nichts bekannt.»

## Wohnen

«Vom Sozialamt gibt es nur ein Taschengeld und eine Zuweisung in ein Frauenheim oder eine Notunterkunft. Das Haus in der Gartenstraße kann man eigentlich nicht mit üblichen Mädchen-Frauenwohnheimen vergleichen. Dort wird alles untergebracht, was keine Wohnung hat. Es sind dort auch viele Mütter mit ihren zwei bis drei Kindern. Von der Gartenstraße aus werden dann Wohnungen durch das Wohnungsamt oder durch Annoncen gesucht. Wenn man gegen die Hausordnung verstößt, zum Beispiel sich prügelt, was sehr oft vorkommt, ein Ämtchen (Putzen) nicht verrichtet, die Nachtruhe (ab 24 Uhr) nicht einhält, wird man von heute auf morgen vor die Tür gesetzt.

Als ich damals auf einen Baukran kletterte, von dem ich mich herabstürzen wollte und anschließend in die Nervenklinik kam, waren auch zwei Tage später meine Koffer dort. Man hatte mich rausgeschmissen und wollte mich erst wieder aufnehmen, wenn ich eine sechsmonatige Therapie machen würde. Ich war dazu nicht bereit und bin nach meiner Entlassung bei Freunden untergekommen.

Später wurde ich in eine Notunterkunft durch das Wohnungsamt eingewiesen. Die Notunterkunft lag in einem

Asozialenviertel. Sie war für drei Frauen bestimmt. Sie bestand aus zwei Zimmern. Toilette war auf dem Flur und wurde von uns drei Frauen und den Nachbarn benutzt. Leider war ich damals nicht in der Lage, mir was anderes zu suchen. Die Wohnung bestand aus drei Betten, wie wir sie im Knast auch hatten, einem Schrank, zwei Tischen, einem Waschbecken (Ausguß) nur mit kaltem Wasser, zwei Öfen, die kaum die Wohnung wärmten. Für 300 DM bekam ich vom Sozialamt Kohlen und Holz.

Die anderen zwei Frauen kümmerten sich nicht darum. Als uns die Kohlen ausgingen, sind Freunde und ich mit Taschen zum Hafen gegangen und haben Kohlen geklaut. Das haben wir alle drei Tage so gemacht. Eine Frau, die bei uns wohnte, war früher Prostituierte. Jedesmal, wenn sie vom Sozialamt Geld bekam, ging sie Richtung Steintor und kam dann mit irgendeinem Kerl zurück. Wenn diese Frau besoffen war, urinierte sie in die Bruchbude, schmiß mit Lebensmitteln oder schlug auf uns ein.

Da ich sie nicht mehr verkraften konnte und mich alles ankotzte, bin ich ausgezogen und habe seitdem wieder draußen gepennt. Angemeldet blieb ich aber dort. Auch mein Sozialarbeiter war über diese Situation unterrichtet, aber es wurde nichts unternommen. Ich selber hatte nicht die Kraft, die Lust dazu. Da es draußen sowieso wieder wärmer wurde, machte mir das Straßenleben nichts aus. Ich fühlte mich sogar wohler.

Um noch mal auf das Frauenheim zurückzukommen: der Aufenthalt wird vom Sozialamt bezahlt. Um 7 Uhr ist Wecken, wir können aber liegen bleiben. An einer Pinnwand ist ein Arbeitszettel angeheftet, wo drauf steht, was jeder zu säubern hat. Jede Frau muß so alle zwei bis drei Tage ihr Ämtchen verrichten: Treppe wischen, Flur säubern, Küche sauber halten usw.

Jeden Tag bis 10 Uhr bekommen wir unser Taschengeld. 11 Mark und ein paar Zerquetschte, womit wir uns auch verköstigen müssen. Sobald die Arbeit getan ist, ist jeder auf sich allein gestellt. Wir können dann tun und lassen, was wir wollen. Bis 23 Uhr ist Ausgang, an den Wochenenden bis 24 Uhr. Wenn man für eine Nacht außerhalb schlafen möchte, muß man sich abmelden. Sonst kann es sein, daß das Bett am nächsten Tag belegt ist.

Mir hat es dort sehr gut gefallen, aber der Alkohol war eben stärker als mein Wille. Von der Heilsarmee oder dem Roten Kreuz bekommen wir saubere Kleidung und Brote. An Wäsche bekamen wir alles, was wir brauchten – da sind wir manchmal mit acht Mann hingegangen. Aber mit Broten ist man ganz schön geizig umgegangen. Ansonsten haben wir von diesen Stellen nichts zu erwarten. In der Bahnhofsmission dürfen wir uns auch nicht mehr blicken lassen, da auch dort die Bahnpolizei kontrolliert. Für eine Woche war ich auch mal in eine Pension eingewiesen. Pro Tag wurden vom Sozialamt 33 DM bezahlt. Frühstück (zwei Brötchen, Kaffee, Ei, Marmelade) inbegriffen. Danach kam ich dann aber in die Notunterkunft.»

## Kranksein

«Da wir uns ja nur in der Stadt aufhalten, ist für uns im Notfall das Clementinenhaus oder das Friederikenstift zuständig. Meistens landen wir, wenn die Diagnose Alkoholvergiftung heißt, im Badezimmer.

Am nächsten Tag werden wir dann wieder rausgeschmissen. Ich hatte einmal in der Passerelle einen Schwächeanfall (der Arzt sagte später, es wäre ein Entzug), hatte nur ein Bier getrunken. Freunde riefen den Krankenwagen an, der mich ins Clementinenhaus brachte. Die Bullen fuhren auch mit. Da meinte der diensthabende Arzt zu den Bullen, die könnt ihr gleich in die Ausnüchterungszelle stecken, die ist besoffen. Die Bullen nahmen mich nicht mit, da sie feststellten, daß ich total nüchtern war. Ich wurde darauf des Hauses verwiesen. Da mir ewig die Beine wegsackten, ließ ich ein Taxi kommen, das mich dann zu meinem Hausarzt in der Bahnhofstraße brachte. Der gab mir sofort eine Spritze und verschrieb mir ein Beruhigungsmittel.

So werden die meisten Penner von den Krankenhäusern behandelt. Wenn wirklich einer von uns ernstlich erkrankt, weiß ich echt nicht; was dann passiert. Dann geht es uns bei den praktischen Ärzten schon besser. Ein Krankenschein wird vom Sozialamt ausgestellt. Die meisten von uns gehen zu einem Arzt in der Bahnhofstraße, weil der schnell mit Rezeptausschreiben ist. Egal, was für Tabletten wir haben möchten, sie werden uns verschrieben.

Einen Chirurg hatte ich auch an der Hand. Dieser Arzt war echt Klasse. Er war ein Ausländer, aber er verstand uns. Es sind mehr Leute von uns zu ihm in Behandlung gegangen. Das war ein Arzt, der uns Stadtstreicher als Menschen sah. Ich hörte ihn einmal zu einem Praktikanten sagen: die saufen zwar, aber es sind ganz liebe Menschen.

Die meisten Leute haben kein Verständnis für unsere Situation, aber es stört uns nicht mehr, wenn wir von den Spießbürgern angemacht werden.

Ich war auch einmal nahe am Tode dran. Ich bekam mitten auf der Straße einmal solche Krämpfe, daß ein Krankenwagen gerufen werden mußte. Aber meine Kumpels haben danach unheimlich auf mich aufgepaßt. Bombe wurde mir verboten, was ich auch akzeptiert habe, denn der Rotwein hatte mich soweit kaputtgemacht. Jedesmal wenn eine Bombe geholt wurde, lag für mich ein Bier oder ein Kaffee oder etwas zum Essen mit drin. Durch diese Fürsorge meiner Kumpels ging es mir nach ein paar Tagen auch wieder besser. Manchmal glaube ich, daß eine Frau härter im Leben ist als ein Mann.

Also ich kann mich nicht beklagen. Das einzige, was einer Frau in solchen Kreisen ein bißchen Schwierigkeiten bereitet, ist die Hygiene, vor allen Dingen, wenn sie ihre Periode bekommt. Mit dem Waschen ist es ganz schön problematisch. Wenn man Glück hat, kann man sich bei Kumpels, die noch eine Wohnung haben, frisch machen, aber überwiegend bleibt auch in dieser Zeit nur die öffentliche Toilette.»

# Sterben

«Zwischen 1979 und 1982 sind, soviel ich weiß, sechs
männliche Penner gestorben: Zwei durch Mord, einer
durch Selbstmord, die anderen drei haben sich totgesof-
fen und durch Tabletten totgefressen. Der erste Todesfall, den ich miterlebt habe, wurde von Kumpels verübt.
Der Verstorbene war 35 Jahre alt. Es ging um eine Flasche Bier. Er wurde von drei Kumpels mit einem Gürtel
erwürgt. Die Polizei hat damals alle Stadtstreicher ver-
hört und wir haben natürlich ausgesagt. Alle drei sind zu
dreizehn Jahren verurteilt worden.
Einer hat sich von der Bahnhofsbrücke gestürzt, es kann
auch sein, daß er sein Gleichgewicht verloren hat, denn
er war voll besoffen. Dieser Stadtstreicher war 47 Jahre
alt. Wir waren auch alle zu seiner Beerdigung und hatten
für einen Kranz gesammelt.
Einen aus unseren Kreisen hat man tot aufgefunden,
aber da war ich im Knast. Ich habe nur davon gehört.
Dieser Typ war 22 Jahre alt, hatte eine Entziehungskur in
Bad Rehburg hinter sich und wurde wieder rückfällig.
1981 ist einer unter meiner Hand am Skatplatz gestorben. Er wollte Platte machen und wir ließen ihn in Ruhe.
Nach einer Stunde sah ich nach dem Kerl und stellte fest,
daß er ganz blau angelaufen war. Ich ging sofort zum
Kiosk und sagte der Inhaberin, daß sie einen Krankenwagen rufen soll, da würde einer abkratzen. Die Inhaberin sagte aber, das Telefon sei kaputt. Sie könne nicht
anrufen. Dann ist einer von uns zur Markthalle gelaufen,
um von dort einen Krankenwagen anzurufen. Als der
kam, war es schon zu spät. Trotz Herzmassage, die wir
machten. Die Kripo kam und ich erzählte den Vorfall mit
der Inhaberin. Aber die stritt alles ab und der Vorfall war
vergessen. Dieser Mann war 45 und ist wohl auch an den
Tabletten krepiert, die er vorher gefressen hatte. Auch
bei diesem Mann wurde für einen Kranz gesammelt und
er wurde in unserem Beisein beerdigt.
Der nächste Todesfall war für uns besonders hart, weil
wir den Mann alle sehr gern hatten. Er war auch so
gegen 40 bis 45 Jahre alt. Er war der einzige von uns, der
es schaffte, monatelang keinen Alkohol zu trinken. Wir
wußten alle, daß sein nächster Rückfall lebensgefährlich

ist und haben ihn, soweit es ging, bei seiner Trockenheit unterstützt. Auch hatte er wegen seinem Magen eine Wohnung oder ein Zimmer gesucht. Der Rückfall blieb aber nicht aus. Er ging dann aufs Ganze und nahm Alkohol und Tabletten (Valium) zugleich. Wir rieten ihm, daß er sich in ärztliche Behandlung begeben sollte, aber er wollte nicht. Dieser Mann ist in seinem Zimmer, wo noch andere Kumpels anwesend waren, über Nacht gestorben. Er hat bis zuletzt einen Arzt abgelehnt. Da er seine Familie in der DDR hatte, wurde er überführt. Wir wollten sonst gern seine Beerdigung vorbereiten.

Und dann ist einer im letzten Jahr kurz vor meiner Inhaftierung zusammengeschlagen worden, der dann drei Wochen später im Krankenhaus starb. Er war auch an die 45 Jahre, sah aber älter aus. Auch dieser Mann hatte eine Entziehungskur in Bad Rehburg hinter sich, was aber nicht viel nutzte. Der, der ihn zusammengeschlagen hat, sitzt jetzt auch und wartet auf seine Verhandlung, wo ich eventuell als Zeuge auftreten muß. In diesem Fall ging es um 10 DM. Ich gab dem Penner 10 Mark, damit er eine Bombe holt. Er kam aber nur mit einer Flasche Bier zurück und hatte auch kein Wechselgeld mehr. Darüber wurde der Typ so wütend, daß er gleich auf den Bierholer einschlug und ihn zusammentrat. Wir sagten noch, er soll doch aufhören, aber er tat es nicht. Ich rief noch einen Krankenwagen an, dann kam auch schon die Polizei, die mich mitnahm zur Ausnüchterung. Durch die Zeitung haben wir dann erst erfahren, daß der Zusammengeschlagene an den Folgen gestorben ist.»

## Resozialisierung

«In der Stadt gibt es drei Pennergruppen. Die Penner, die in die Büttnerstraße * eingewiesen sind, kommen selten in die Stadt. In der Nähe der Büttnerstraße ist ein Kiosk, wo sie sich versammeln und ihren Alkohol zu sich nehmen. Ich war zweimal dort, auch dort wurde geteilt und es war eine ruhige Atmosphäre. In den Tagen, in denen

* Männerwohnheim

ich mich dort aufhielt, habe ich auch keine Polizei zu
Gesicht bekommen. Dann gibt es noch ein paar Stadtstreicher, die sich am ‹Skatplatz› in der Nähe von der
Markthalle versammeln, und eben wir, die wir uns in der
Passerelle treffen. Als extreme Einzelgänger kenne ich
nur zwei Penner und eine Pennerin, aber auch nur vom
Sehen. Der eine hält sich viel in einem Imbiß im Kaufhof
auf. Das Bier schmuggelt er in seinen Taschen mit, das er
dann im Imbiß trinkt. Meistens lassen die Angestellten
ihn auch zufrieden, denn das ist ein ruhiger Typ, der nur
seine Ruhe will.
Aber auch in Gruppen ist an eine Resozialisierung nicht
zu denken. Die meisten leben schon Jahre auf der Straße
und wollen sich nicht mehr ändern. Sie haben sich aufgegeben. Sie haben keinen Mut mehr zu einem sozialen
Aufstieg. Ich kann es auch gut verstehen, denn wer will
schon einem Penner Wohnung und Arbeit geben. Von
allein macht ein Penner sowieso keinen Anfang zur Eingliederung in die Gesellschaft – sowie auch keiner auf uns
zukommt und uns an die Hand nimmt, um den Weg zu
zeigen, wo es lang geht.
Viele sind Alkoholiker, die es ohne eine Entziehungskur
nicht mehr packen. Aber wozu eine Entziehungskur?
Meistens gehen die Leute hinterher wieder in die Stadt-
streicherkreise zurück. Die Leute, die aus dem Knast
entlassen werden, suchen auch die Pennerkreise wieder
auf. Ich glaube, es ist genauso wie bei einer Prostitu-
ierten, die kommt ja auch nicht aus ihrem Milieu heraus.
Und so ist es auch bei uns. Einmal Blut geleckt und man
bleibt in der Scheiße liegen.
Auch ich werde, falls ich wieder den sozialen Aufstieg
bekommen sollte, diese Kreise nicht vernachlässigen.
Ein Gang zu meinen Freunden wird immer sein – auch
wenn ich dadurch wieder abrutsche. Mir hat das Leben
echt gut gefallen, so daß ich die Penner, die meine
Freunde sind, nie missen möchte.»

# II. Ein Lebenslauf
und sein Hintergrund

Ich habe Karin vor sechzehn Jahren kennengelernt. Sie war gerade zwanzig Jahre alt geworden, kam aus einem katholischen Mädchenerziehungsheim und sollte vor ihrer Entlassung aus der Fürsorgeerziehung, die zwangsläufig mit der Volljährigkeit endet, noch einmal einen «Arbeitsversuch» in Freiheit starten. «Noch einmal» bedeutete, daß sie bereits einen «gescheiterten Versuch» hinter sich hatte. Nun sollte sie noch einmal eine letzte Chance bekommen, sich zu bewähren. Hinter dieser letzten Chance stand die mehr oder weniger deutlich ausgesprochene Drohung, Karin erst gar nicht bemündigen zu lassen, sondern sie – beim nächsten «Versagen» – gleich in ein entsprechendes Spezialheim desselben kirchlichen Trägers überführen zu lassen.

Ich war damals 25 Jahre alt, hatte ein Sozialarbeiterstudium hinter mir und trat – versehen mit der staatlichen Anerkennung – meine erste Stelle an. Und auf dem Schreibtisch lag *eine* Akte! Karin! Ich wußte damals nicht, daß Karin mein weiteres Leben mitbestimmen würde, daß wir uns immer wieder begegnen würden – gewollt und ungewollt, auf dem Bahnhof und in der Trinkerheilanstalt, auf dem Flohmarkt und im Straßencafé, auf der Polizeidienststelle und im Gerichtssaal.

Karin sollte – sobald ich meinen Dienst auf einer seit Jahren vakanten Stelle angetreten hatte – vom Bahnhof abgeholt, in Arbeit vermittelt, und «betreut» werden. «Die Betreuung dieses Mädchens wird schwierig sein», schrieb die Leiterin des Erziehungsheimes. Und: «Karin erhielt von uns bereits eine Bewährungsprobe. Wir vermittelten sie als Stationshilfe in das B-Krankenhaus nach Hildesheim. Nach einigen Monaten versagte Karin in dieser Stelle. Sie glaubte, Lebensgenuß nachholen zu müssen, der ihr während ihrer langen Heimzeiten vorenthalten war. Sie hatte Männererlebnisse und vernachlässigte dann ihre Arbeit. Wir mußten sie in unser Heim zurücknehmen ...»

Karin «versagte» bei mir nicht mehr – sie schlug nur zu, als eine alte Ordensschwester sie als «dreckigen Fürsorgezögling» beschimpfte! Das war einer der vielen Anfänge vom Ende ...

Lebensläufe aus Akten von Jugendämtern, Heimen und ambulanten Beratungsstellen zusammengefaßt zeigen stets dasselbe Schema: für das arme, hilfsbedürftige Kind wird etwas getan, man gibt sich (scheinbar) alle Mühe – und dann kommt der Bruch. Eines Tages flippt das Kind aus – zeigt seinen eigenen Willen, setzt ihn durch, hat eine eigene (sehr abweichende) Meinung, will nicht mehr, spielt nicht mehr mit. In fast allen Akten läßt sich dieser Zeitpunkt deutlich herauskristallisieren. Die Kinder sind dann zwischen sieben und neun Jahren alt. Das ist der Zeitpunkt, an dem aus dem Opfer der Täter wird – und es sein Leben lang bleibt. Aus dem kranken, behinderten, verlassenen, verstörten Kind, mit dem das Schicksal es so wenig gut gemeint hat, wird der gestörte, schwierige, kriminelle, schädliche, asoziale Jugendliche. In dem Moment, in dem sich die Fehlentwicklung manifestiert, wird er zum Schuldigen – daß eine sichtbare Fehlentwicklung sich vorher über Jahre anbahnt, daß sie Ursachen hat, die in der personellen Umwelt liegen, wird von dem Moment an nicht mehr diskutiert, an dem sich die ersten Symptome unerwünschten Verhaltens zeigen.

Aus dem «armen Kind» ist ein Dieb, ein Schläger, ein Räuber, ein Säufer geworden – quasi über Nacht. Da «will es ja nicht anders», da «gibt es sich keine Mühe mehr», da «macht es nicht mehr mit», da «läuft es aus dem Ruder» – und für alle Beteiligten ist klar: da hat es sich für das Böse entschieden.

Karin ist heute 36 Jahre alt. Ihren Lebenslauf hat sie in der Frauenstrafanstalt geschrieben – säuberliche 28 Seiten auf liniertem Knastpapier. Heute ist graues Umweltschutzpapier «in» – der Strafvollzug hatte noch nie anderes, und vor einigen Jahren wurde jedem Adressanten schon an der Qualität von Papier und Umschlag deutlich, woher ein Brief kam.

Karin hatte damals Zeit – mal wieder. Ihr «Lebenslauf» wurde zur Retrospektive. Das Schreiben war keine Erleichterung – es wühlte alles noch einmal auf, machte noch zorniger, noch aggressiver, noch hilfloser.

Karin schreibt subjektiv. So hat sie ihr Leben erlebt – so sieht sie es nach zehn, zwanzig, fünfundzwanzig Jahren.

Hat sie sich nicht in alles hineingesteigert? Ist nicht alles sehr negativ, sehr einseitig, sehr überzogen? Ist nicht vieles hineininterpretiert worden, nachträglich zusammengereimt, wenn einer so allein in seiner Zelle sitzt und alles Elend der Welt über ihn kommt ...? So schlimm kann doch das alles gar nicht gewesen sein – und überhaupt – an vielem ist sie doch selber schuld. Für nichts kommt doch niemand ins Heim, in die Psychiatrie, in den Knast ...

Karins Leben ist ebenso typisch wie atypisch. Vom Waisenkind hat sie sich zur Pennerin entwickelt. Unter Sozialarbeitern sagt man in so einem Fall: «Na, du weißt schon – die übliche Entwicklung! Rolltreppe abwärts!» Und der Kollege «weiß» und nickt. Würde man ihn fragen, was er denn «weiß», dann könnte er die «typischen» Stationen, Aktionen und Reaktionen aufzeigen, die Instanzen, die Behörden, die (Fehl-)Enscheidungen, die Fehlinterpretationen menschlichen Verhaltens. Und das macht stutzig. Mehr braucht es in unserer Sozialbürokratie offenbar nicht, um den Lebenslauf eines Außenseiters deutlich zu machen, als zu sagen: na, du weißt schon … Haben wir uns mit der Zwangsläufigkeit schon so weit abgefunden? Ist es Ignoranz? Ist es Desinteresse? Ist es so was wie Sozialdarwinismus im neuen Rock? Oder ist es nur noch die Hilflosigkeit in einem festgefahrenen Sozialsystem, das sich selbst genug ist und vergessen hat, daß es mal zugunsten der Hilfloseren und Schwächeren gegründet wurde?

Ein Penner im Getriebe stört heute. Dafür sind wir nicht gerüstet. Für ihn haben wir weder Ideen, noch Programme, noch überhaupt irgend etwas übrig. Er lebt solange auf der Straße, bis er beim nächsten Beschaffungsdiebstahl erwischt wird, weil die Sozialhilfe nicht reicht. Zeigt er sich dann den Zugriffen der Polizei nicht geneigt, kommt noch ein bißchen Widerstand gegen die Staatsgewalt dazu. Und falls er dann noch ein beliebtes Schimpfwort gegen Polizisten in den Mund nimmt (das den bürgerlichen Autofahrer kleine 40 DM kostet), dann ist es der Delikte bereits genug, um ihn/sie von der Straße in die Strafvollzugsanstalt verschwinden zu lassen. Schließlich ist der Penner «o. f. W.» – das gängige Kürzel für jemanden, der keinen festen Wohnsitz vorzuweisen hat und sich also nicht jederzeit auffinden läßt. Penner (so nennen sie sich gern selber, manche bevorzugen das Wort Berber) heißen im Bürokratendeutsch «Nichtseßhafte». Dieser Begriff stammt noch aus dem Nationalsozialismus, als die «Tippelbrüder» seßhaft gemacht werden sollten. Der durchschnittliche «Stadtstreicher» heute ist so seßhaft wie kaum ein Durchschnittsbürger. Er verläßt kaum jemals «seine» Stadt, ja noch nicht einmal seinen angestammten Platz am Bahnhof, vor einem Kaufhaus oder in einer bestimmten Grünanlage. Und falls er seinen Platz verläßt, dann in der Regel unfreiwillig – um mal wieder in der Trinkerheilanstalt, dem Gefängnis oder der Psychiatrie zu verschwinden.

Karins Lebenslauf ist voller Haß. Zwischen den Zeilen liest man die Trauer und ganz ganz selten blinzelt etwas Hoffnung und Zuversicht hervor. Über Karin existiert jedoch nicht nur ihr eigener subjektiver Bericht. Es gibt auch Aufzeichnungen von Außenstehenden, ganzen Generationen von Sozialarbeitern, Gutachtern, Richtern, Gefängnisbeamten, ehren- und nebenamtlichen Helfern, Psychiatern und Polizisten.

Ein paar alte Briefe, ein paar lose Notizen, Beurteilungen, Verurteilungen – Berge von Akten! Nichts Engagiertes, nichts Aufregendes – einfach nur so der Mensch als Fall. Verwaltet, notiert, hin- und hergeschoben.

Die Bruchstücke eines schriftlich fixierten Lebens sind nicht spektakulär. Aber mit dem Lebenslauf und dem Tagebuch des (im wahrsten Sinne des Wortes) Betroffenen zusammen ergeben sie ein wahres Schlachtengemälde.

Das ganz normale Leben einer von ungezählten Pennerinnen! Noch nicht einmal wie viele es gibt, kann jemand sagen – in einem Land, in dem jeder Lämmerschwanz, jedes produzierte Kilo Käse und jedes importierte Ei für die Statistik gezählt wird. Penner soll es nach Schätzzahlen (!) etwa 70000 geben, der Anteil der Frauen daran beträgt (ebenfalls geschätzt) ca. 5 %. So eine Handvoll verarmter Frauen hat noch niemanden von seinem Stuhl gerissen – weder den Sozialbürokraten, noch den Sozialwissenschaftler, weder den Christ- noch den Sozialdemokraten ... obwohl auch diese Menschen den Sozialstaat unwillentlich und unwissentlich jährlich viele Millionen kosten.

Von alldem soll in diesem Buch berichtet werden: wie man eine Pennerin macht, wie man sie bei ihrem Status beläßt, welche (halbherzigen und somit wirkungslosen) Anstrengungen man unternimmt, um sie zu (re-)sozialisieren, wieviel Geld an der falschen Stelle eingesetzt und somit herausgeschmissen wird, was das Leben einer Pennerin überhaupt kostet – mit einem kleinen Exkurs zur Effektivität von Sozialmaßnahmen – was sich wer bei all dem überhaupt denkt – in erster Linie aber, was eine Pennerin selber denkt, was sie erlebt, wie sie sich erlebt, und, was um sie herum vorgeht. Zum retrospektiven, in Verzweiflung geschriebenen Lebenslauf, das Gegenstück: die behördlichen Akten, zum Tagebuch die offiziellen Stellungnahmen.

## Stationen im Leben von Karin P.

| | |
|---|---|
| 1948 | nichtehelich geboren, Mütter- und Säuglingsheim |
| 1950 | Tod der Mutter, vorübergehende Pflegestelle |
| 1951 | Kinderheim |
| 1962 | Pflegefamilie (6 Mon.) |
| 1963 | weiteres Kinderheim |
| 1965 | Fürsorgeerziehungsheim |
| Jan. 1968 | probeweise Entlassung, Arbeitsversuch |
| Mai 1968 | zurück ins Fürsorgeerziehungsheim |
| Okt. 1968 | probeweise Entlassung (*wir lernen uns kennen*), Arbeit im Altersheim als Stationshilfe |
| Juli 1969 | Karin wird volljährig |
| Juli 1969 | erster Selbstmordversuch |
| Aug. 1970 | erster freiwilliger Psychiatrie-Aufenthalt (1 Wo.) Aufgabe der Arbeitsstelle, Aufnahme des «Gammellebens» |
| Nov. 1970 | erneute Arbeit im Altersheim, Entlassung wg. Schlägerei, versch. Straftaten, häufige Selbstmordversuche |
| Juni 1971 | 4 Wochen Untersuchungshaft / Verurteilung zu einem Jahr Gefängnis mit Bewährung |
| ab Juni 1971 | Fabrikarbeiterin in Schokoladenfabrik / Wohnheim |
| Sept. 1972 | Entlassung wegen Schlägerei, hoher Alkohol- und Tablettenkonsum / Wir verlieren uns aus den Augen, weil ich meine Sozialarbeiterinnen-Stelle aufgebe |
| Okt. 1972 | erste Entziehungskur (2 Monate) |
| ab Jan. 1973 | Fabrikarbeiterin |
| April 1973 | Zweite Entziehungskur (6 Wochen), anschl. ambulante Therapie, erhöhter Alkoholkonsum |
| 1974 | Mehrere Selbstmordversuche / Bewährung erfolgreich beendet |
| Okt. 1974 | dritte Entziehungskur (6 Monate) |
| 1975–1978 | Küchenhilfe in Bundeswehrküche / Dienstwohnung, Freizeit nur in Stadtstreicherkreisen |
| 1976 | vierte Entziehungskur (6 Monate) |
| Dez. 1977 | Heirat eines Ceylonesen |
| 1977/78 | fünfte Entziehungskur (6 Wochen) |

| | |
|---|---|
| 1977/79 | zahlreiche spektakuläre Selbstmordversuche / Straftaten |
| 22.7.1980 | Verurteilung zu einem Jahr Gefängnis, anschließend wieder in Stadtstreicherkreisen |
| 15.7.1982 | Verurteilung zu 15 Monaten Freiheitsstrafe / Berufung |
| Herbst 1982 | Karin schreibt mir und schickt einen 30 Seiten langen Lebenslauf |
| 24.11.1982 | Berufungsverhandlung / statt 15 Monate nur 6 Monate Haft und Unterbringung in einer Suchtklinik. *Wir sehen uns bei der Verhandlung nach 10 Jahren wieder.* |
| 14.12.1982 | Erneute Gerichtsverhandlung – Urteile werden auf 15 Monate zusammengezogen – Unterbringung in Heilstätte. |
| bis Febr. 1983 | in Frauenstrafanstalt Vechta |
| bis Juni 1983 | in Psychiatrischer Klinik Hildesheim (geschlossene Abteilung) |
| Juni 1983 – März 1984 | Suchtklinik Bad Rehburg |
| März 1984 | Entlassung zur Bewährung / Rückkehr ins Pennerleben |
| März 1984 – Sept. 1984 | zahlreiche Straftaten |
| Sept. 1984 | Vermittlung einer Wohnung |
| April 1985 | Mitarbeit in der Anlaufstelle für Penner in Hannover. |

# III. Warten auf Zukunft: Tagebuchnotizen

Nach mehrmonatigem Gefängnis- und halbjähriger Entziehungskur in einer Trinkerheilanstalt ist die Stadtstreicherin Karin P. wieder «in Freiheit». Aus der Anstalt heraus sollte sie sich eine Wohnung suchen – aber es hat nicht geklappt. Die Zeit war zu knapp, der Entlassungstermin stand vorher nicht fest, wie man's anpackt, wußte sie auch nicht und außerdem: «Mich will ja sowieso niemand haben.» So wurde sie entlassen – auf die Straße – dorthin, wohin Stadtstreicher eben gehören.

Ein Frauenwohnheim nimmt sie vorübergehend auf – bis sich etwas Geeigneteres findet. So beginnt mit vielen Hoffnungen wieder mal ein Neuanfang.

Der Alltag dreht sich um die Beschaffung von Medikamenten – zum Schlafen, zum Aufputschen und zum Aufputschen mit Schlafmitteln. Nur die Mischung muß stimmen. Ein paar Prügeleien würzen den Alltag, mal mischt die Polizei mit, mal nicht. Abends im Wohnheim dann die Einsamkeit und die Nabelschau: wie geht es mir jetzt, wie geht es mir etwas später, wie wird es mir morgen gehen. Mehr geben die Tage nicht her.

## Tagebuchnotizen

Hannover, den 21. 3. 1984

Seit dem 14. 3. wurde ich nun endgültig in die goldene Freiheit abgeschoben. Bis zur jetzigen Stunde (6 Uhr früh) habe ich noch keinen Alkohol zu mir genommen. Nicht daß ich Angst hätte, bei einem Rückfall erneut meine Freiheit einzubüßen, nein, ich will mich nicht besaufen. Obwohl ich wieder den regelmäßigen Kontakt zu meinen Freunden, den Stadtstreichern aufgenommen habe und dadurch verstärkt mit dem Alkohol konfrontiert werde, habe ich nicht das Bedürfnis, irgend etwas zu mir zu nehmen. Ich hoffe nur, daß mein «nein» zum Alkohol noch recht lange anhält, denn ich fühle mich auch ohne Sprit sauwohl. Letztes Wochenende war ich in D. bei Freunden. Es war ganz gut, trotzdem sehnte ich mich wieder nach Hannover zu den Stadtstreichern zurück. Es mag sein, daß ich es fast nur mit Intellektuellen zu tun hatte. Zwar bin ich nicht blöd, aber den Gesprächen, die dort geführt wurden, konnte ich nicht folgen.

Hannover, den 24. 3. 84

Es geht mir zur Zeit sehr gut, fühle mich unwahrscheinlich ausgeglichen. Außer ein bißchen Kaffee habe ich
noch nichts Weiteres bzw. Drogen zu mir genommen.

Hannover, den 25. 3. 84

Trotzdem ich Melleril 100 * und vier Tabletten Hexot-
anil * genommen habe, fühle ich mich heute morgen sauwohl, ich habe z. Z. ein herrliches feeling drauf, werde
weiterhin ein paar Tabletten fressen, damit ich gut drauf-
bleibe. (Hurra, ich lebe noch!)

Hannover, den 16. 4. 84, 5 Uhr 54

Bin heute morgen etwas bedrückt, kommt wohl daher,
daß ich noch kein Melleril geschluckt habe. Gestern war
ich zu Besuch in Bad Rehburg. Wird wohl heute ein Ta-
gesgespräch werden, weil ich grüne Strähnen im Haar
hatte. Seit ein paar Tagen laufe ich kunterbunt herum –
na und, mir gefällt's. Wem es nicht gefällt, soll eben woanders hinschauen. Hoffentlich wird meine Stimmung im
Laufe des Tages etwas besser. Bin irgendwie lustlos. Machen wohl die grünen Haare. Werde mir erst mal Melleril
einpumpen. Friede, Freude, Freiheit.

Hannover, den 17. 4. 84, 5 Uhr 57

Könnte im Moment schreien vor lauter Lust am Leben,
höre gerade die Puhdis aus der DDR.
Gestern abend habe ich das Schlafmittel Repocal genommen. Kann sein, daß daher mein sagenhaftes feeling her-
kommt. Fühle mich auch ausgeschlafen.

Hannover, den 18. 4. 84

Gestern war ich unwahrscheinlich stark drauf.
Gestern signierte Erich von Däniken sein neuestes Buch.
Ich ging zum Kaufhof, Bücherabteilung und machte so
meine Sprüche wie gehabt. Ich sprach ihn nach einer
Weile persönlich an, ob er mir nicht ein Buch schenken
könnte, da ich kein Geld besäße, ihn aber mal lesen
möchte, um ihn näher kennenzulernen. Prompt schenkte

* Beruhigungsmittel

er mir ein Taschenbuch mit Signierung. Hatte echt nicht damit gerechnet. Irgendwie fand ich diese Geste ganz toll von ihm. Auf die Frage, ob ich arbeiten würde, sagte ich ihm, daß ich auf null-Bock stehe.

Gegen abend traf ich auch noch Conny W. an. Da ich Conny lange nicht mehr gesehen hatte, war die Begegnung sehr herzhaft und die Freude war groß. Ja, dies war gestern, einfach dufte.

Auch im jetzigen Zeitpunkt: Mittwoch, den 18. 4., 4 Uhr 09 geht es mir wunderbar. Die Osterkarten sind fertiggeschrieben und werden heute noch abgeschickt, nun denn.

Hannover, den 19. 4. 84, 3 Uhr 49

Bin seit 0. 00 Uhr auf, fühle mich trotz allem sehr gut. Das feeling ist mal wieder bestens. Ich habe mein Herz zu vergeben, wer will mit mir den Wahnsinn erleben. Ich könnte heute die ganze Welt umarmen. Es lebe die Repocal und Dr. P.

Hannover, den 19. 4. 84, 6 Uhr 30 früh

Die Vergangenheit holt mich nicht ein, aber es gibt mal wieder kein Vergessen. Ich bin und war und werde immer Knastologin bleiben.

«Als ich gefallen war, reichte man mir ein Gitter, an dem ich mich wieder aufrichten sollte!»

Hannover, den 21. 4. 84

Habe gestern Depressionen bekommen, weil ich Frau W. angerufen habe. Sie war irgendwie komisch, ich glaube, sie fühlte sich durch mich gestört. Anrufen werde ich sie nie wieder.

Keiner mag mich, keiner liebt mich. Die Stadtstreicher sind doch noch meine besten Freunde. Ich gehöre zu ihnen. Im Sommer mache ich wieder Platte, macht mir irgendwie Spaß. Es leben die Berber bzw. die Penner.

Hannover, den 24. 4. 84

Vom Ostersonntag auf Ostermontag habe ich mit zwei Kumpels am Opernplatz Platte geschoben. Ich hatte einfach Bock darauf. Es war ein wunderschöner Abend, bessere Abende mit Pennern gibt es nicht.

Von Kittner * habe ich mir ein Autogramm geben lassen, demnächst werde ich mal eine Vorstellung von ihm anschauen. Mir geht es im Moment saugut. Hurra, ich lebe noch.

### Hannover, den 25. 4. 84

Ich habe die letzte Nacht und am Tage 6 Repocal, zwei Dolestan ** und zwei Melleril 100 eingenommen. Trotzdem bin ich schon wieder auf und es ist gerade 3 Uhr. Aber ich fühle mich gut, keine Nachwirkungen. Gestern Mittag habe ich Herrn A. getroffen, ein ganz dufter Typ. Ich kam mit ihm in Bad Rehburg schon klar, Herr A. ist Sozialarbeiter dort. Er hat meine Einstellung und auch mich akzeptiert. Andere wollten mich in eine ‹Spießbürgerliche Gesellschaft› hineinpressen, aber ich muß mein Leben leben und dafür habe ich volle Unterstützung von ihm. Es müßte echt mehr von dieser Sorte A. geben.

### Hannover, den 26. 4. 84

Mein Leben ist versaut, werde wohl nie wieder eine Wohnung bekommen, weil diese Gesellschaften sich Auskunft einholen, und ich bin überall registriert. Trotz alledem lasse ich mich nicht unterkriegen. Ich werde auch weiterhin keinen Alkohol trinken, denn im Alkohol sehe ich keine Lösung. Okay, ich schlucke Tabletten, aber kontrolliert. Werde wohl in der Frauenunterkunft meinen Lebensabend verbringen.

### Hannover, den 29. 4. 84

Habe die letzte Nacht mit anderen Stadtstreichern wieder Platte geschoben. Da ich einen sehr guten Schlafsack habe, habe ich überhaupt nicht gefroren, aber Halsschmerzen hatte ich. Warum Sigrid und Otto sich keine Wohnung suchen, ist mir recht rätselhaft. Sind wohl zu faul, auf Wohnungssuche zu gehen. Bier schmeckt eben mal besser.

---

 * Hannoveraner Kabarettist
 ** Schlafmittel

Hannover, den 30. 4. 84

Bin gestern mit Sigrid, Otto, Renate und Peper zum Frühlingsfest gegangen. Peper hatte auch seine Hündin Hexe mit. Da er total besoffen war, trat er Hexe laufend auf die Pfoten, was mich unwahrscheinlich störte. Ansonsten ist Peper sehr in Ordnung. Ich habe mit ihm zusammen in Bad Rehburg eine Therapie gemacht. Leider hat Peper mit Frauen nichts im Sinn, so wie für Renate die Männer tabu sind. Trotzdem sind alle beide prima Kumpel. Ich habe sie gern. Es ist doch wunderbar, trotzdem wir uns jeden Tag sehen und gemeinsam jeden Tag verbringen, haben wir uns immer etwas zu erzählen. Passiert ja auch laufend etwas. Ansonsten wird aus der Vergangenheit erzählt. Ich bereue nichts von meiner Vergangenheit. Es war schon eine harte Zeit, trotzdem schön.

Dienstag, 1. Mai 84, 3 Uhr 30 früh

Fühle mich z. Z. sehr gut, was ich gestern morgen von mir nicht behaupten konnte. Ich war gestern total unruhig und voller Tatendrang. Wollte mich irgendwie auslassen, aber hatte keine Möglichkeiten. Als Alternative nahm ich erst mal zwei Dolestantabletten und ein Melleril 50. Etwas später wurde ich unwahrscheinlich ruhig. Ja, gestern bin ich früh, so gegen 15 Uhr im Haus gewesen und habe mich gleich zu Bett begeben. Ich schlief sofort ein. Habe wohl doch ein bißchen zu viel Tabletten genommen. Hauptsache ist, daß es mir z. Z. gut geht. Fühle mich ausgeruht und ausgeglichen. Habe gerade Kaffee mit der Hand gemahlen, der Duft des Kaffees ist einfach herrlich, dazu noch ein Räucherstäbchen, gibt eine wundervolle Mischung des Duftes.

1. Mai 1984

Vom Alkohol habt ihr mich befreit, aber nicht von Tabletten.

2. Mai 1984

War gestern breit vom Haschischrauchen, hatte ein angenehmes Gefühl. Gegen abend haute ich mir die bunten Smarties rein, woraufhin ich sofort einpennte. In

der Stadt war nichts los, ein paar Kumpel getroffen, aber
alle nüchtern. Scheiß Feiertage.
Wenn ich sage, ich bereue, dann nur das, was ich noch
nicht getan habe. Das Leben war bisher beschissen
schön.
Gerade komme ich von der Steinbank, bin um 6 Uhr aus
dem Haus raus zu meinem wirklichen Zuhause und zwar
in die Passerelle zu den Pennern. Als Antialkoholiker
kann ich den Gestank schlecht vertragen, trotzdem habe
ich die Penner lieb.

3. Mai 1984, 3 Uhr 15 früh

Gestern war ich unwahrscheinlich gut drauf, dement-
sprechend lange (20 Uhr 30) war ich auch in der Stadt
und habe mit den anderen Stadtstreichern geklönt. Fada
wurde im Laufe des Tages ins Krankenhaus gebracht.
Sein Pennerfahrrad habe ich zwei Stunden später ins
zwölfte Bullenrevier gebracht. Die Bullen waren zu meiner Verwunderung sehr anständig und nahmen das Fahr-
rad ohne große Debatten in Verwahrung. Daß ich gestern so gut drauf war, waren wohl die Repocal, die ich
mit Coca-Cola eingenommen hatte. Das Schlafmittel mit
Cola ergibt nämlich Speed, einfach dufte.

## 4. Mai 1984

Gestern war ein beschissen schöner Tag. Dieter ließ mich
mit seinen Tabletten ganz schön im Stich, hoffentlich
klappt es heute. Mensch, ich brauche die Tabletten, ohne
Pillen kann ich nicht mehr pennen, auch das allmorgend-
liche feeling fehlt mir ohne die Pillen.
Das Wetter kann einem ganz schön auf den Nerv gehen.
Fühle mich nicht beschissen, auch nicht gut, werde mich
erst mal in die Passerelle begeben, obwohl es erst 5 Uhr
30 in der Früh ist. Vielleicht treffe ich ja Dieter mit seinen Pillen an.

## 8. Mai 1984

Gestern war es mal wieder ein heißer Tag. Klopferei am
Kaufhof, ich habe bzw. wollte Uwe, meinem Exfreund,
die Krücken wegtreten, schlug ihm aber nur eine in die
Fresse, genauso wie ich Andreas eine in die Fresse
schlug.
Am Samstag, dem 5. 5. habe ich mir eine Anzeige wegen
Körperverletzung eingehandelt, sieht aber ganz gut für
mich aus.
Gestern wurde ich von einem Bullen bedroht, falls ich
nicht aussagen würde, würde er mich einsperren. Nun
gut, meinen Namen haben die Bullen aufgeschrieben,

# Marktkirche
# Frau im Gerüst:
# „Ich springe!"

**jg. Hannover, 2. 7.** Spaziergänger entdeckten die Frau mit den kurzen blonden Haaren zuerst.

Sie kletterte das Gerüst an der Marktkirche hoch. „Laßt mich in Ruhe, sonst springe ich", schrie sie.

Zehn Minuten später war die Feuerwehr an der Marktkirche. Die Frau war inzwischen bis in die 5. Gerüst-Etage geklettert – 15 Meter hoch. Ein Beamter kletterte hinterher.

Als er die Plattform unter der Frau erreicht hatte, drohte sie wieder zu springen. Vorsichtig stieg der Feuerwehrmann höher. „Mach doch keinen Blödsinn,

Zwei Feuerwehrleute tragen die Frau zum Krankenwagen. Sie wehrt sich, strampelt mit Beinen und Armen
Foto: Dietrich Stolzenburg

du bist doch noch zu jung zum Sterben", beruhigte er sie. Und dann ging es blitzschnell.

Der Beamte sprang vor, packte die Frau, hielt sie am Arm fest. Gesichert mit dem Seil, brachte er sie wieder auf die Erde. Sie kam zur Beobachtung ins Krankenhaus.

*Hannoversche Presse* vom 3. 7. 1984

aber aussagen werde ich nicht, denn während der Prügelei am Kröpcke war ich einkaufen und habe nur den Rest mitangesehen. Ich scheiße doch nicht meine Kumpel an.

### 14. Mai 1984

Am Samstag, den 12. 5. war ich mit Peper in Bad Rehburg; von Herrn W. wurden wir wie Dreck behandelt. Er meinte, wir wären breit gewesen, dabei waren wir nur leicht angegangen, Peper vom Alkohol und ich von Tabletten. Werde wohl nie wieder nach Bad Rehburg fahren.
Es ist jetzt 2. 30 früh, bin hellwach, könnte Bäume ausreißen, so wohl fühle ich mich z. Z.

### 25. Mai 1984

Seit dem 14. Mai trinke ich wieder Alkohol, aber nur Bier, und ich muß sagen, es bekommt mir sehr gut. Gestern bekam ich von den Bullen eine Vorladung, habe eine Anzeige wegen Körperverletzung. Hoffe, daß es noch mal gutgeht, ansonsten muß ich auf Flucht gehen.

### 20. Juni 1984

Inzwischen ist so einiges passiert, auch die ganze Scheiße kommt vom Alkohol. Am 30. Mai wurde ich von einem Schäferhund gebissen, lag deswegen acht Tage im Krankenhaus. Danach schnitt ich mir unter Alkohol den Hals und die Pulsadern auf und fand mich im Landeskrankenhaus Langenhagen wieder. Gestern abend lag ich in der Medizinischen Hochschule. Litt durch den Alkohol an Verfolgungswahn. Trotz alledem geht es mir heute wieder gut.

### Hannover, den 19. Juli 1984

Zum Schützenausmarsch habe ich die letzte Scheiße gemacht (s. Zeitung). Der Alkohol schmeckt mir wieder sehr gut. Ich bin breit, denn ich habe gerade Hasch geraucht! Es tut mir sehr gut.

# IV. Aktenkundig:
# Karins Kindheit und Jugend

«Erstaunlich ist, in welchem Ausmaß die Gesellschaft diesen Kindern Zeit läßt, sich zu Kriminellen zu entfalten. Sie kümmert sich kaum um sie, solange sie Opfer sind. Erst wenn die Gesellschaft sich selbst als Opfer fühlen oder wenigstens darstellen kann, greift sie ein.»

(Tilmann Moser 1970)

«Drei Jahre nach dem Krieg, der großen Kapitulation
Deutschlands, wurde ich am 19. 7. 1948 als uneheliches
Kind in Hannover zur Welt gepreßt. Man gab mir den
Namen Karin Gertrud. Da meine Eltern beim Bumsen
nur an das Vergnügen dachten und nicht an die Folgen,
steckte man mich gleich ins Waisenhaus St. Joseph.
Meine Mutter ist laut Sterbeurkunde am 8. März 1950
verstorben. Mein Vater hatte nach den damaligen Geset-
zen nur Pflichten, aber keine Rechte, das heißt: er durfte
und mußte für das Kind zahlen, ansonsten war alles tabu.
Das Jugendamt Hannover wurde nun mein Vormund
und programmierte meinen weiteren Werdegang.»

«Karin ist unehelich geboren, ihre Mutter war früher in Fürsorgeerziehung und ist 1950 an einer schweren Herzinsuffizienz nach einer
Lues-Erkrankung gestorben. Karin wurde im Mütter- und Säuglings-
heim geboren und von dort aus in das Kinderheim nach Ilten verlegt.
Anschließend kam sie in eine Familienpflegestelle und wurde von
dort aus unbekannten Gründen nach knapp vier Wochen ins Waisenhaus verlegt.»

Drei Jahre, gerafft in ein paar Akten-Zeilen – nach tiefenpsycholo-
gischer Kenntnis die drei wichtigsten Jahre im Leben eines Menschen!
Karins Mutter brachte Karin einen Tag vor ihrem neunzehnten Geburtstag zur Welt. Sie war in Pommern geboren, aufgewachsen mit
einem Stiefvater. Als der Krieg ausbrach, war sie zehn, als die Mutter
starb zwölf Jahre alt. Als der Krieg zu Ende war, war sie gerade sechzehn Jahre alt. Mit neunzehn bekam sie ihr einziges Kind, mit 21 Jahren war ihr Leben zu Ende. Was alles dazwischen lag, kann nur ver-
mutet werden – ein schönes Leben war es sicher nicht!


## Heimerziehung

Als Karin knapp sieben Jahre alt ist, kommt die Frage nach einer
anderweitigen Unterbringung auf: das Jugendamt wird vom Landes-
fürsorgeverband bedrängt – aus Kostengründen! Ob dem Kind eine
Familie guttäte oder ob es überhaupt einen nochmaligen Wechsel
verkraften könnte, wird nicht gefragt. Das gehorsame Jugendamt
wendet sich also auf der Suche nach einer Familienpflegestelle an den
«Katholischen Fürsorgeverein für Mädchen, Frauen und Kinder».
Dabei wird mitgeteilt, warum nicht eher die Suche nach einer Fami-

lienpflege erfolgte: «Fremden gegenüber ist sie immer sehr scheu und zurückhaltend. Es wurde daher bis jetzt davon abgesehen, das Kind in eine Familienpflegestelle zu geben.» Aber: «Seitdem Karin die Schule besucht, ist sie längst nicht mehr so ängstlich wie sonst.»

In der Pädagogik findet man immer die passenden Argumente. Das scheue und schon hin- und hergeschobene Kind ist nicht mehr ganz so scheu und ängstlich, wenn die kostentragende Behörde es so will. Und das Jugendamt als Vormund gehorcht bereitwillig.

Die Sozialarbeiterin des Vereins füllt nun den Vermittlungsbogen aus zur Weitergabe an die Zentrale, die sich als Ausgleichsvermittlung für die ganze Bundesrepublik versteht. Der Berichtbogen ist – gemessen an sieben Menschenjahren – äußerst dürftig. Ganze sechs Zeilen umreißen Gesundheitszustand («das Kind ist gesund»), geistige Fähigkeiten («ist nicht unbegabt, kann lernen, wenn es will»), Charakteranlagen («hat sehr starken Willen, ist oft trotzig, bei kleinen Arbeiten sehr eifrig, mit Lob ist manches zu erreichen»), äußere Erscheinung («kräftig entwickeltes Kind») und Entwicklungsgang («das Kind ist seit 1951 im Heim, es war bei der Aufnahme sehr verschüchtert, nur ganz allmählich hat sich dieser Zustand gebessert»).

Es geht dabei nicht um die wenigen Zeilen – es geht um das beliebig Austauschbare, das völlig Nichtssagende: welches siebenjährige Kind könnte nicht dahinterstecken: nicht unbegabt, trotzig, eifrig, kräftig entwickelt ...? Hier wird schon deutlich: nur keine konkreten Aussagen, da keine konkreten Vorstellungen vorhanden! Ein bißchen eifrig gegen ein bißchen trotzig, etwas Lob gegen starken Willen – irgendwer wird schon entscheiden, was werden soll!

Aber es soll nichts werden: das Kinderheim wehrt sich in einem Gutachten gegen die Verlegung: «Karin zeigt noch gelegentlich Starrsinn und Verkrampfung. Es ist zu befürchten, daß Karin bei einer Umstellung, wie sie die Unterbringung in einer Familie mit sich bringen würde, in die Verkrampfung zurückfällt. Wir halten aus diesem Grunde eine weitere Heimunterbringung für nötig.»

Auch die Schule wird zur Unterbringung in einer Familie befragt. Da sie unmittelbar neben dem Heim liegt, ebenfalls von der katholischen Kirche getragen wird und fast alle Kinder des Heimes beschult, ist die Meinung natürlich identisch: «Das Kind machte zuerst in der Schule Schwierigkeiten, indem es bei jeder neuen Situation verkrampft dastand und durch Weinen und Strampeln Widerspruch erhob. Diese Charakterschwierigkeit ist etwas durch Güte und Milde (Lob) zurückgegangen. Doch halte ich die Übernahme des Kindes in Familienpflege jetzt und in den nächsten Jahren noch nicht für möglich und auch nicht für gut. Auch ein Schulwechsel ist jetzt noch nicht ohne Schwierigkeiten möglich.»

Nach diesen beiden Berichten wird die Pflegevermittlung kurzerhand «zunächst noch für mindestens ein Jahr zurückgestellt. Denn es kann nicht gewagt werden, daß das Kind bei Unterbringung in Familienpflege evtl. Schaden nimmt.»

Warum aus diesem einen Jahr dann mehr als zwei werden, bis zur nächsten Anfrage des Jugendamtes, ist – betrachtet man die Akte – unklar! Betrachtet man dagegen die Strukturen, wird die Verzögerung schon deutlicher: erstmal aufschieben! Erst mal keine endgültige Entscheidung! Ein pädagogisches Konzept existiert nicht, der Status quo bleibt erhalten – nicht aus der Überzeugung heraus, daß Stabilität das wichtigste und Wechsel das schädlichste sind, sondern, weil Kinderheime die Fluktuation so gering wie möglich halten wollen, das Jugendamt als Vormund lediglich andere fragt und entscheiden läßt, der Fürsorgeverein auf Anfrage vermittelt und niemand über ein zielgerichtetes Konzept verfügt.

An der erneuten Anfrage nach mehr als zwei Jahren ist nichts neu – fast könnte dieser Brief des Jugendamtes vom vorherigen abgeschrieben worden sein. Außer, daß Karin nun erstmals als «etwas schwieriges Kind» beschrieben wird. Sie ist zu diesem Zeitpunkt fast zehn Jahre alt.

Wieder werden alle Institutionen angerufen. Das Kinderheim schreibt: «Karin, in deren Verhalten vorübergehend eine leichte Besserung festzustellen war, ist schon länger in der Gemeinschaft wieder sehr schwierig. Trotz aller Bemühungen unsererseits bleibt sie verkrampft, reagiert kaum auf Lob und Güte, gönnt anderen Kindern keine Freude und kneift sie öfter ohne Grund hinterlistig in den Arm. Sie ist darum in der Gruppe nicht beliebt. In den Ferien war Karin von einer ehemaligen Helferin ihrer Gruppe eingeladen worden. Sie drängte schon nach wenigen Tagen auf Rückkehr in unser Heim, weil sie starkes Heimweh hatte. Wir waren gezwungen, sie wiederzuholen. Sie ist nach diesem Ferienaufenthalt noch verkrampfter und schwieriger.»

Noch immer verkrampft «trotz aller Bemühungen», in der Gemeinschaft sehr schwierig – und dann kneift sie auch noch –, trotz Lob, Güte und vielerlei Ermutigung!

Karin selber beschreibt diese Zeit ganz anders: erlebt, erlitten, durchängstigt – nicht jedoch für die Akten und den offiziellen Schriftwechsel:

«Also, wie ich schon erwähnte, ich kam ins Kinderheim und daß Heimleben kein Honigschlecken ist, diese Erfahrung haben schon X Personen vor und nach mir gemacht. Eine eigene Meinung durfte man nicht haben und uns wurde alles verboten. Ich weiß noch zu gut, wie man uns Angst einjagte. Nicht wie sonst üblich mit dem Buhmann, sondern man drohte uns zum Beispiel bei Gewitter: «Wenn ihr nicht artig seid, bekommt ihr ein Stück Draht um den Finger», oder man hat einen Stecker genommen und wollte ihn uns in die Nase stecken.

Die Schule habe ich gehaßt wie die Pest, nicht weil ich auch dort diskriminiert wurde, weil ich ein Heimkind war, sondern die Nonne hat mir die Lust zur Schule zu gehen genommen. Die Rechenaufgaben wurden mir solange eingeprügelt, bis ich die Lösung endlich kapiert hatte und abends vor lauter Kopfschmerzen nicht einschlafen konnte.

Auch sonst wurde ich für jede Kleinigkeit verprügelt, sogar deswegen, weil ich mich mit einer Person, die ich sehr gern hatte, unterhalten habe und darüber die Zeit zum Abendessen verpaßt hatte. Das einzige, was ich durfte und mußte, war der Kirchgang. Dreimal am Tag mindestens. In den Schulferien ist es schon vorgekommen, daß ich vier- bis fünfmal am Tag in der Kirche war. «Bete und arbeite» – dies war nicht nur der Wahlspruch der Benediktinerinnen, sondern nach dieser Devise mußte auch ich leben. Treppen scheuern, Strümpfe stopfen, Fenster putzen usw. Wenn all die Arbeit nicht zu deren Zufriedenheit verrichtet wurde, durfte ich keiner Freizeitgestaltung nachgehen.»

Diese Heimkritik ist nicht neu. Viele ehemalige Heimkinder haben ähnliches berichtet – die Heimerziehungsliteratur der siebziger Jahre war voll davon – dementiert wurde nichts offiziell. Inoffiziell gab es ein paar «Untersuchungen», die für den Einzelfall jedoch keine Bedeutung mehr erlangten. Ich habe dieses Heim einige Jahre später selbst kennengelernt. Es stand noch immer unter der gleichen Leitung. Praktikanten berichteten, daß selbst Putzfrauen Prügelgewalt besaßen und diese mit allen zur Verfügung stehenden Instrumenten wie z. B. dem Handfeger ausübten. Der tägliche Kirchgang war obligatorisch – sonst gab es den Entzug von Vergünstigungen. Noch bevor die Kinder den Schulweg antraten, mußten sie sowohl Schlafsaal als auch Treppenhaus und Flure aufgeräumt und gereinigt haben – gründlich und in Eile – damit sie pünktlich in der Schule sein konnten. Kinder, die sich vor dem Essen ekelten, sich weigerten zu essen, wurden gezwungen. Als ein Kind einmal bei Tisch erbrach, mußte es das Erbrochene vor den Augen aller auslöffeln.

Eine Mitteilung an das Jugendamt damals ergab nur ein Achselzucken und die Frage, was man denn mit den 80 Kindern machen solle, wenn man das Heim schließen würde. Und außerdem sei es in anderen Heimen doch auch nicht besser!

Karin bleibt also weiterhin im Heim. «Ja, die Schwestern machen sich heute schon Sorgen darum, was einmal nach der Schulentlassung werden soll, denn wenn es auch noch einige Jahre Zeit hat, so muß man doch schon darauf hinarbeiten, damit sie wenigstens einen bescheidenen Platz ausfüllen kann», schreibt die Sozialarbeiterin an das Jugendamt.

Wieder vergehen drei Jahre – dann kommt der nächste Vorstoß des Jugendamtes, und nun wird erst einmal ein psychologisches Gutachten in Auftrag gegeben.

«Karin ist der äußeren Erscheinung nach ein frisches und gut entwickeltes Mädchen, dem man seine tatsächliche Gehemmtheit zunächst nicht zutraut.

Erst bei längerem Zusammensein mit ihr, das trotz spürbar guten Willens und auch geistiger Anstrengung doch in den Grenzen sehr reservierter persönlicher Aufgeschlossenheit und Zuwendung bleibt, wird deutlich, wie sehr ihr Verhalten einem tieferen Nichtanderskönnen entspricht. In Sprache und Stimme bleibt sie wortkarg und leise. Sie äußert keinen spontanen Laut, noch irgendein Zeichen affektiver Beteiligung. Ihre Mimik ist fast bewegungslos. Auch die Fertigstellung einer gegebenen Aufgabe läßt Karin durch keine Bewegung oder sonst eine Äußerung erkennen, so schwach bzw. gehemmt ist ihre Antwort auf die immerhin auch in solchen Situationen sich einstellende personale Beziehung. Die Sperrung des Mädchens im sozialen Bereich ist nicht Ausdruck einer diesbezüglichen Gleichgültigkeit oder eines inneren Isolierungsstrebens, sondern ist die Fehlform einer übermäßig starken Kontaktsuche und -bedürftigkeit, die wohl niemals eine adäquate Befriedigung gefunden hat.

In der Phantasie Karins spielt gerade die Freundin und deren harmonische Beziehung zu ihr eine ganz führende Rolle, indessen in der Wirklichkeit sie eben dieses sehr stark als Mangelerlebnis erleidet. Von daher sind auch diejenigen Verhaltensweisen zu verstehen, die aus der negativen Einstellung zu den Gleichaltrigen erwachsen, und der direkte Ausdruck ungestillter Kontaktwünsche bzw. als deren Verkehrung anzusehen sind (Neid, Eifersucht, Mißgunst).

Vorhandene Aggressionsneigungen sind stark gehemmt und werden verdrängt bis unter dem inneren Überdruck solcher gestauter Energien Karin plötzlich unkontrollierten Triebausbrüchen erliegt, die sich dann vorwiegend gegen andere Kinder richten und destruktiv-zornigen Charakter tragen. Solch eine Entladung wird dem übermäßig gehemmten Mädchen zum zeitweilig notwendigen Ventil der sehr tief verdrängten Impulse.

Um diese überflüssig zu machen, müßte dem Mädchen Gelegenheit angeboten werden zu aktiver und tätiger Auseinandersetzung mit anderen Kindern – im provozierenden Gemeinschaftsspiel, wie in gemeinsamen Arbeiten. Daneben ist es unbedingt erforderlich, Karin Zeichen besonderer persönlicher Zuwendung seitens der Erwachsenen zu erweisen, um ihr das entbehrte Gefühl der Geborgenheit bei einem mütterlichen Menschen zu vermitteln, wodurch Karin instandgesetzt wird, auch den anderen Kindern Freundlichkeit zu gönnen und endlich selbst einmal solche zu zeigen» (Dipl. Psych. Oktober 1961).

Die Vorschläge der Diplom-Psychologin sind konkret – so konkret jedenfalls, wie sie sein können von einer Psychologin, die unter demselben Anstellungsträger arbeitet, der von seinen Mitarbeitern Loyalität erwartet. Über die Ursachen einer solchen weitestgehenden Gehemmtheit als Ursache unkontrollierter Triebausbrüche sagt die Psychologin nichts. Wie könnte sie auch! Sie stellt fest – und für den erfahrenen Fachmann wird deutlich, was dahintersteckt: Unterdrückung jeglicher Lebensäußerungen, jeglicher menschlicher Impulse, ein Nicht-anders-Können auf Grund eines Nicht-anders-Dürfen, weil im Hintergrund die Schläge, die Strafen, die weitere Ablehnung stehen. Anpassung um jeden Preis – hier ist der Preis zu hoch gewesen: Karin ist völlig geblockt – so weit, daß es noch nicht einmal zu einem spontanen Laut, zu mimischer Aktivität mehr reicht. Diese Hemmung (Karins Erzieher sprechen stets von ihrer Verkrampfung) ist nicht angeboren, sondern anerzogen: anerzogen mit Strenge, Strafen, Benachteiligungen, Versagungen, Unterdrückung, Angst. Karins Schilderungen ihrer Erlebnisse im Kinderheim sind die beste Illustration – wobei aus den ersten zweieinhalb Lebensjahren jegliche Information fehlt. Immerhin hatte sie zu diesem Zeitpunkt bereits drei Stationen durchlaufen.

# Die ländliche Pflegestelle

Wer wann über das weitere Schicksal des Kindes entscheidet, bleibt unklar. Statt Karin in ein heilpädagogisches Heim zu verlegen oder ambulant eine Kinderpsychotherapie in Form von Spieltherapie zu beginnen, befindet sie sich plötzlich in einer Pflegefamilie. Nach diesem Gutachten scheint sie also nicht mehr zu verkrampft gewesen zu sein – offenbar konnte man auch jedes Risiko eingehen, indem die Ratschläge der Psychologin – so karg sie auch waren – in den Wind geschlagen werden. Karin kommt in eine Familie mit zwei kleinen Kindern im ländlichen Raum – das verkrampfte, gehemmte, zu keinem spontanen Wort fähige Kind, mit dem die Berufspädagogen offenbar nichts mehr anzufangen wissen, wird abgeschoben. Die heile Vollfamilie auf der Suche nach einer Hilfe für Kinder und Haushalt bekommt das schwer verstörte Kind zur «Pflege» vermittelt.

Die Reaktionen lassen nicht lange auf sich warten: Karin bittet auf einer Karte die Sozialarbeiterin, die die Stelle vermittelt hat, wieder zurück zu dürfen. Und die Pflegemutter schildert ausführlich, wie die Tage verlaufen, läßt dabei ganz deutlich ihre eigenen Erwartungen durchblicken und endet mit den Worten: «Unter diesen Umständen möchten wir Sie gebeten haben, Karin abzuholen. Bitte umgehend! Brieflich kann ich ihr Benehmen und Verhalten gar nicht so schildern, wie Karin sich wirklich in diesen wenigen Tagen aufgeführt hat.»

Und wie hatte sie sich aufgeführt? Sie mochte nicht in den Stall, «es interessiert sie nicht, ob die Küche noch ausgefegt oder aufgeräumt werden muß. Macht man sie darauf aufmerksam, reagiert sie gleich quer.» Morgens kommt sie an den fertigen Frühstückstisch, bevor sie zur Schule geht, und mit den Kindern befaßt sie sich sehr ungern, «wenn's geht, überhaupt nicht»!

So hatte sich die Pflegemutter das Verhältnis offenbar nicht vorgestellt, was sicher auch daran lag, daß man sie auf Karins ganz besondere Schwierigkeiten nicht aufmerksam machte. Aber warum hätte man's auch sollen: dann wäre Karin dort ja nicht untergekommen, denn die Pflegemutter wußte offenbar als einzige sehr genau, was sie wollte. Ein verstörtes, gehemmtes Heimkind, das endlich einmal mütterliche Wärme und Zuwendung – möglichst für sich ganz alleine – haben wollte und haben mußte, hatte sie sich bestimmt nicht gewünscht. So ist der Konflikt vorprogrammiert – aber was macht das schon aus? Das Jugendamt wollte eine Pflegestelle, der katholische Fürsorgeverein hat eine vermittelt, und das Heim war es wohl ganz zufrieden, nachdem es sich über Jahre erfolgreich gesträubt hatte, als noch Zeit gewesen wäre!

Eine Woche später bekommt die Pflegemutter Antwort:

«Ich habe wohl damit gerechnet, daß es mit Karin nicht leicht sein wird, und wenn es gar nicht geht, möchte ich Sie nicht mit diesem Kind belasten ... Ich habe auch mit dem Kinderheim und dem Jugendamt gesprochen. Die ehrwürdige Schwester M. im Kinderheim sagte mir, daß es für Karin nicht gut ist, wenn sie in das Kinderheim zurückkommt. Sie meinte, es dem Kind schuldig zu sein, daß sie konsequent ist, denn einmal kommt ja doch der Abschied aus dem Kinderheim ... Wenn Karin nun bei Ihnen nicht tragbar ist, dann müßten wir sie in ein Heim bringen, wo sie jetzt schon hin kann und wo sie auch nach der Schulentlassung bleiben könnte.» ... Die Pflegemutter wird gebeten, Karin noch ein bis zwei Wochen zu behalten, es sei kein Termin vorher frei, das Kind wieder abzuholen, außerdem muß erst ein anderer Heimplatz gefunden werden.

Der zweite Teil des Briefes zeigt dann ganz eindeutig, wie die Schuld nun verschoben wird: die Pflegemutter wird gebeten, sich noch solange zu gedulden, «sofern ich Ihnen das zumuten dürfte». Und dann wird mitgeteilt, daß auch die Ordensschwester an Karin schreiben würde «und ihr vorsichtig aber ebenso bestimmt klarmachen, daß es nicht gut für sie ist, ins Heim zurückzukommen. Karin soll deshalb wissen, daß sie nun woanders hin muß, wenn sie sich nicht bei Ihnen zurechtfindet. Vielleicht hilft das schon. Aus Schwester M.s Erklärung können wir wohl entnehmen, daß also vom Kinderheim aus Karin nicht zu dieser Starrsinnigkeit veranlaßt worden ist. Vielmehr scheint es umgekehrt so zu sein, daß Karin ihrerseits die Rückkehr zu ihrer geliebten Schwester M. erzwingen will. Schwester M. sagt aber selbst, daß Karins Anhänglichkeit an sie zu weit geht und daß sie es dem Kind schuldig sei, Karin langsam von sich abzulösen».

Für jede Fehlentscheidung die richtige pädagogische Begründung! Von langsamer Ablösung ist dort die Rede, wo die Psychologin gerade «persönliche Zuwendung seitens der Erwachsenen» vorgeschlagen hat, um Karin «das entbehrte Gefühl der Geborgenheit bei einem mütterlichen Menschen zu vermitteln». Dieser mütterliche Mensch erweist sich hingegen als ablehnend, fortweisend, als unzuverlässig. Mit der Zukunft wird jongliert, dort wo es zunächst einmal um Vergangenheitsbewältigung gehen müßte, wo ein Riesennachholbedarf besteht! Was interessiert das inzwischen vierzehnjährige Mädchen der Verbleib nach der Schulentlassung, wenn es erst einmal Kind in der Familie mit anderen Kindern sein möchte? Oder wenigstens zurück möchte, dorthin wo es zwar nicht schön, aber doch sicher und berechenbar war.

Damit auch für Karin keine Zweifel offenbleiben, bekommt sie ebenfalls gleich einen Brief: «Deine Karte habe ich erhalten, und eigentlich bin ich darüber ein wenig enttäuscht. Noch mehr enttäuscht ist aber Deine gute Schwester M. . . . Nun denke einmal ruhig nach: Es ist doch für Dich das beste, wenn Du nun schon irgendwo sein kannst, wo Du auch nach der Schulentlassung bleiben kannst. Wenn Du also bei Familie B. nicht bleiben willst, zwingt Dich niemand dazu, aber dann müssen wir für Dich ein anderes Heim finden.» Karins Antwort kommt postwendend: «Nun habe ich mich fest entschlossen, daß ich hier bleibe.»

Diese Entscheidungen und Reaktionen begleiten Karin ihr ganzes Leben lang: Lieber bleibt sie in den Institutionen, selbst wenn sie ihr nicht viel geben, ehe sie wechselt. Und immer ist es dasselbe: Karin soll fort, man will sie nicht mehr behalten – und sie will bleiben. Immer auf der Suche nach Beständigem, nach Zuverlässigem, nach Menschen, denen sie auf Dauer vertrauen kann, die sie weder verlassen noch abschieben, noch herausschmeißen – selbst wenn sie sich ekelhaft benimmt, um zu erproben, wie weit sie gehen kann und ob man auch noch zu ihr hält, wenn sie nicht lieb, artig, gehorsam, angepaßt ist. Dieses Muster begleitet Karins Leben wie ein roter Faden – durch alle Anstalten.

Karin bleibt also. «Die Nachricht, daß Karin nicht zu ‹ihrem Kinderheim› zurückkehren könnte, änderte spontan ihre Haltung und ihre Art», schreibt die Pflegemutter zwei Wochen später. «Sofort wollte sie bei uns bleiben. Natürlich haben die vergangenen Wochen uns ungeheure Nerven und Überwindungen gekostet. Wir wollen Karin also noch eine Gelegenheit geben, sich einzufügen und einzuleben . . . Sie ist sehr bequem, um nicht zu sagen: faul . . . Wenn sie ihre Schulaufgaben erledigt hat, denkt sie nur an ihre Briefmarken und ihre Blockflöte.» Die Pflegemutter fordert gleichzeitig von dem Heim, daß Karin «von Hannover aus» einmal «kräftig ins Gewissen geredet» werden solle. Sie müsse sehr energisch angefaßt werden, «um so mehr Vertrauen wird sie zu uns haben.»

Damit ist das Hickhack um Karin jedoch nicht ausgestanden. Als die Pflegeeltern nach weiteren zwei Monaten noch immer kein Pflegegeld erhalten haben, werden sie ungehalten. Zunächst werden wieder Klagen gegen Karin geführt – sie sei ein Einzelgänger, sehr schweigsam, denkfaul, nicht anpassungsfähig und geltungsbedürftig. Auch die Schule habe Klagen, Karin benähme sich wie eine Millionärstochter, für die Schule sei sie untragbar. Das neunte Schuljahr käme für sie aus diesen Gründen nicht in Frage.

Dann schreibt die Pflegemutter: «Was wird nun aus Karin? Gern würde sie bei uns bleiben. Aber sie ist auch ein Typ, der gar kein

Vorschlag zum Arbeiten hat.» Auch zum Anziehen habe sie nicht genug: «Ob das Jugendamt Hannover der Auffassung ist, die ‹einfältige Landwirtschaft› würde tief ins Portemonnaie fassen? Diese Ansicht muß ich energisch zurückweisen. Wie sich die Lage in unserem Berufsstand verschlechtert hat, brauche ich Ihnen wohl nicht mehr zu erläutern.» Die Pflegemutter führt dann auf, was sie schon alles für Karin getan habe, um dann den Brief zu beenden mit der Erklärung der guten Christin: «Ich glaube, wir zeigen Opferbereitschaft genug, wenn wir uns bereiterklären, mit den ‹*Ärmsten der Armen*› aus den Waisenhäusern uns zu beschäftigen, sie in unsere Familien aufzunehmen und uns redlich bemühen, sie zu ehrlichen Menschen heranzubilden.»

Als das Jugendamt als Vormund darauf besteht, daß Karin, die leistungsmäßig gut in der Schule beurteilt wird, die 9. Klasse besucht und den Volksschulabschluß macht, endet bei der Familie B. die «Opferbereitschaft» und das «ehrliche Bemühen, sie zu einem ehrlichen Menschen heranzubilden» – die Pflegemutter verlangt die «Abholung» des Mädchens. «Wenn ich noch eine Bitte äußern darf, dann die, daß Sie Karin so schnell wie eben möglich anderweitig unterbringen.»

Sieben Wochen später hat die Pflegefamilie noch keine Nachricht – Karin lebt buchstäblich auf gepackten Koffern. Die Sachbearbeiterin des Jugendamtes hat «die Bearbeitung versäumt», die Sozialarbeiterin vom Katholischen Fürsorgeverein hielt bereits alles für erledigt und im Heim, in das Karin kommen sollte, war offenbar noch gar nicht aufgefallen, daß da jemand kommen sollte, der nicht kam.

Die Berufspädagogen finden aber auch hier gleich wieder einen Schuldigen: diesmal ist es nicht Karin, sondern die Pflegemutter, die nun von der Sozialarbeiterin als «frech» bezeichnet wird. Sie mache «furchtbar viel Theater, aber allmählich scheint mir das für sie bezeichnend».

An Karin denkt niemand bei diesem «Theater» – daß ihr Leben unter diesen Umständen nicht gerade ein Zuckerlecken ist, wird gar nicht in Betracht gezogen. Hier wurde behördlich allerorten geschlampt. Wer sich wehrt, ist frech.

Karin soll also in ein weiteres Heim – auch wieder gut katholisch. Die Leiterin ist eine langjährige Duzfreundin der katholischen Sozialarbeiterin – es bleibt alles in derselben Hand. Es gibt keine Chance, den Vorurteilen, den Stigmatisierungen zu entkommen, mal irgendwo einen unbelasteten Neuanfang wagen zu dürfen. Im nächsten Heim weiß natürlich schon jeder, wie schwierig Karin ist, wie wenig sie sich einfügt, wie anspruchsvoll sie ist, wie wenig kommunikationsbereit (von -fähig ist keine Rede mehr – die Seiten haben längst gewechselt!), wie eigenbrötlerisch, wie selbstsüchtig ... Noch bevor Karin nun zum nächstenmal ihren Lebensmittelpunkt wechselt, hat die Pflegemutter sich etwas Neues ausgedacht. Da Karin ja inzwischen – weil niemand sich gekümmert hat und jeder dachte, der andere wird's schon erledigen – aus der Schule entlassen worden ist, könne sie ja als volle Arbeitskraft auf dem Hof mitwirken. Offenbar tut sie das auch schon, denn «uns ist klar, daß ein schulentlassenes Mädchen Geld verdienen muß. Leider ist Karin schwer zu nehmen und bei der Arbeit sehr ungeschickt ... Sie ist bereits sechs Monate bei uns. Zwar können wir noch keine Erfolge verzeichnen, aber wir hoffen, nach Ablauf einer gewissen Zeit wird sie es schaffen, in die Familie hineinzuwachsen.» Die Pflegemutter verlangt nun Auskunft darüber, ob das Pflegegeld weiterbezahlt würde, denn «wir jedenfalls übernehmen keine Soziallasten und Lohnkosten, da Karin erst mal in die Dinge hineinwachsen muß. Augenblicklich verdient sie kaum die Kost!»

Ende der Kindheit! Weil niemand sich gekümmert hat, weil es ja auch gar nicht so wichtig ist, da es sich nur um einen der «Ärmsten der Armen» handelt, ist Karin innerhalb von sechs Monaten von einem Heimkind, für das besondere Sorge angeordnet war, zur unbezahlten Magd avanciert. Sie ist noch keine fünfzehn Jahre alt – Kindheit ist gewesen und alle Chancen sind vertan! Nun findet auch die Sozialarbeiterin vom Katholischen Fürsorgeverein plötzlich, «daß eine weitere Verzögerung für Karin unangenehm und nachteilig sein könnte, und das möchte ich dem Kind nach Möglichkeit ersparen».

Zwei Tage später wird Karin in das Kinderheim «Marienfrieden» nach Neheim-Hüsten gebracht. Ob sie was dazu sagt und was sie vielleicht sogar empfindet – wen interessiert das schon? Der Fall ist mal wieder für die nächste Zeit geregelt. Nun herrscht erst mal Ruhe.

Karin hat sich in den sechs Monaten in der Pflegestelle nur zweimal geäußert: einmal in der dringenden Bitte, sie wieder abzuholen und das zweite Mal, als ihr ein weiteres Heim angedroht wurde, falls sie sich nicht einfügen würde. Da fügte sie sich lieber, teilte das schriftlich mit und verstummte.

Aber in ihrem Lebenslauf nimmt diese Zeit einen großen Raum ein, und noch nach 21 Jahren (!) schreibt sie über diese Erniedrigungen in dieser Familie in ihr Tagebuch – haßerfüllt. Aus dem Lebenslauf:

«Als ich dann am 10. 11. 1962 zu einer Pflegestelle auf einen Bauernhof kam, wurde es noch schlimmer. Vor lauter Heimweh habe ich fast vierzehn Tage nichts gegessen. Ich hatte zwar im Heim keine rosige Zeit verbracht, aber in all den Jahren hatte ich auch gute Freunde, z. B. die Familie B. gefunden. Zu diesen Freunden zog es mich zurück, aber das Jugendamt Hannover hat anders für mich gewählt und ich hatte zu gehorchen.

Von den sogenannten Pflegeeltern in Kellinghusen wurde ich auch geschlagen, unterdrückt und als billige Arbeitskraft ausgenutzt. Ich weiß noch einen Tag, ich meine es wäre gestern gewesen, so klar sehe ich es noch vor Augen. Es war an einem Sonntagmorgen. Ich sollte wie immer den Ofen in Gang bringen und schaffte es diesmal nicht gleich auf Anhieb. Das Ehepaar stand nur da und trieb mich an, statt mir zu helfen. Als ich durch die Antreiberei auch nicht schneller wurde und den Ofen immer noch nicht in Gang hatte, riß man sämtliche Türen auf, so daß ein acht Meter langer Gang entstand, den ich ein paarmal rauf und runter laufen mußte. Erst lief die Frau mit einem Ausklopfer hinter mir her und schlug auf mich ein, dann setzte der Mann die Tortur fort, als er bemerkte, daß die Bestie aus der Puste war. Der vierjährige Sohn, der das Schauspiel mit ansah, meinte anschließend: ‹Mama, die konnte aber laufen!› Mein Rücken war grün und blau, und eine Stunde später ging es zum Gottesdienst.

Es gibt Krankheiten, die heilen nie. Der Haß gehört dazu!

Früher habe ich, wenn ich die Geschichte mal einem anderen erzählte, geheult wie ein Schloßhund. Heute erzähle ich die Episode mit eiserner Miene und es erzeugt in mir nur noch mehr Haß.

Später, als das Jugendamt Hannover von mir eine Unterschrift haben wollte, da ich volljährig wurde – daß ich nichts mehr von ihnen zu beanspruchen hätte –, erzählte ich von diesem Vorfall und auch von anderen Mißhandlungen. Aber die vom Jugendamt meinten nur frostig: ‹Da können wir nichts mehr machen, die Taten sind verjährt.›

Als ich dem Jugendamt schrieb, daß ich wieder nach Hannover wollte, denn man hatte mir hoch und heilig versprochen, falls es mir auf dem Bauernhof nicht gefiele, bringt man mich wieder nach Hannover (damals glaubte ich noch alles, was man mir vorlog!), schrieb nur das Jugendamt zurück, daß daraus nichts würde.»

Das Tagebuch weist einige Jahre später noch Zusätze auf:

«Es ist ein Erlebnis, das ich wohl nie vergessen werde (die Sache mit dem Ofenanzünden). Ja, das Vergangene ist verjährt. Den beiden wird es gut gehen, ich bin durch diese Folterung zum seelischen Krüppel geworden. Ich möchte so gern das halbe Jahr aus meinem Leben streichen, aber es geht nicht, ich muß immer wieder daran denken. Ihr beiden B., ihr sollt verdammen bis auf Ewigkeit.»

Nur eine kleine Fehlentscheidung – nicht ganz die richtige Pflegestelle getroffen – jeder kann sich mal irren – es hätte ja auch gut gehen können – und so schlimm wird alles schon nicht gewesen sein . . .

Die Welt dreht sich weiter, die Familie erholt sich von Karin, die Sozialarbeiterin vermittelt weiterhin Pflegestellen, das Jugendamt zuckt die Achseln: «verjährt» und außerdem – schließlich ist das kein Einzelfall! Wer sich da alles beschweren könnte!! Das ist lange her! Würde es Karin wohl besser ergehen, wenn sie heute Kind wäre?

Heimerziehung gestern und heute sind nicht unbedingt miteinander zu vergleichen – vieles hat sich geändert, manches gebessert. Eines aber ist sehr viel ausgeprägter als vor zwanzig Jahren, als Karin «mal eben» in eine Pflegefamilie vermittelt wurde: die Vermittlungen aus Heimen in Pflegefamilien haben rapide zugenommen, als die Städte und Gemeinden die Heimkosten nicht mehr tragen konnten. Plötzlich entdeckte man wieder die heilende Wirkung von Familienleben, besann sich auf jahrzehntealte Hospitalisationsforschungen und «holte die Kinder aus den Heimen». Dagegen wäre nichts einzuwenden, wenn damit endgültige Standorte für die Kinder gefunden wären. Aber die Realitäten stellen sich ganz anders dar: raus aus dem Heim, rein in die Pflegefamilie, raus aus der Pflegefamilie, rein ins Heim – und das Ganze, bis endlich mal ein Treffer mit einer Pflegefamilie erzielt wird – oder bis das Kind als «nicht mehr vermittelbar» gilt, weil es durch die vielen Beziehungsabbrüche schwer gestört, mißtrauisch und aggressiv geworden ist.

Im Mittelpunkt stehen mehr denn je die Kosten, denen sich alles andere unterzuordnen hat. Ein halbjähriger Pflegefamilieneinschub spart Zigtausende (ein Heimplatz kostet heute pro Tag pro Kind zwischen 90 und 280 DM!) – und wer weiß – vielleicht hat man Glück und es klappt. Nur wenige wissenschaftlich begleitete Modelle zeigen, wie es auch anders gehen kann. Diese stellen für die übliche Praxis jedoch nur eine Alibifunktion dar. Auf Modelle kann man immer hinweisen, wenn die Kritik von außen doch zu sehr an die Substanz geht. Was wollt ihr denn, wir tun doch was! So stehen ein paar Dutzend gut gelaufener «Fälle» einer unbekannten Zahl von verkorksten Lebensläufen gegenüber, für die im späteren Leben dann niemand mehr Verantwortung übernehmen will.

## Weitergeschoben

Einige Monate vor ihrem fünfzehnten Geburtstag kommt Karin nun in das nächste Heim: ihr viertes Heim, ihre sechste Station. Dort stellt man gleich am ersten Tag fest, daß Karin eine erhebliche Wirbelsäulenverkrümmung hat und an der Scheuermannschen Krankheit leidet. Ein altes Gipsbett bringt Karin zwar mit, aber das ist längst zu klein.

Auch die Schule nimmt Karin wieder auf, zumal sie es selber wünscht. Sie soll dort die neunte Klasse besuchen und den Hauptschulabschluß machen.

«Karin ist ein schwieriges Mädchen», schreibt vier Wochen später eine Erzieherin. Dem Jugendamt als Vormund wird ein halbes Jahr später geschrieben: «Trotz des neunten Schuljahres ist Karin geistig recht unbeweglich und hilflos und von schwerfälliger Denkungsart. Hinzu kommen ihre erheblichen Charakterschwierigkeiten. Sie ist unausgeglichen, launisch und wird leicht aggressiv, wenn nicht alles nach ihrem Willen geht ... Nach Rücksprache mit unserem Vorstand sind wir bereit, Karin für zwei Jahre in unserem Heim zu behalten und würden versuchen, sie in dieser Zeit so weit zu fördern, daß sie ab Ostern 1966 die hiesige Kinderpflegerinnenschule besuchen könnte, um zu einem Beruf zu kommen. Sie selbst hat den Wunsch ausgesprochen und bittet immer wieder darum, Kinderpflegerin werden zu dürfen. Wir sind bereit, für diese zwei Jahre einen Lehrvertrag für eine hauswirtschaftliche Lehre mit ihr abzuschließen, müssen jedoch erwarten, daß das Pflegegeld wenigstens im 1. Jahr weitergezahlt wird. Karins Arbeitsleistungen würden anfangs so gering sein, daß sie keine wesentliche Hilfe im Heim darstellen wird, sondern bestimmt noch eine starke Belastung sein wird.»

Ein weiteres Jahr später – Karin ist inzwischen in einer «hauswirtschaftlichen Grundausbildung» – wird ihr vom Heim bestätigt, daß sie «einen guten Zugang zu den Kleinkindern (hat), gerne mit ihnen spielt und sie abwechslungsreich und interessant zu beschäftigen weiß. Sie hat Fähigkeiten für eine Kinderpflegerin und hält selbst an ihrem Plan für diese Berufsausbildung fest ... Wir haben sie zunächst für den Besuch der staatlichen Kinderpflegerinnenschule angemeldet und die Zusage zu Ostern 1965 erhalten.»

Zwei Monate später schlägt die Heimleiterin eine andere Ausbildungsstätte vor: «Zu der schulischen Ausbildung kommt dort eine starke charakterliche Förderung und Weiterbildung auf allen Gebieten ... Sofern Karin an diesem Lehrgang teilnehmen kann, sind wir bereit, sie in den Schulferien hier im Heim aufzunehmen und sie auch von hier aus weiterzubetreuen.»

Kurz bevor es dann soweit ist, scheint aber nichts mehr zu gehen: keine charakterliche Förderung, keine schulische Ausbildung, nichts. An die befreundete Sozialarbeiterin schreibt die Heimleiterin: «Sollte das Jugendamt die Ausbildung in S. ablehnen, weil voraussichtlich keine Ausbildungsbeihilfe gezahlt werden wird, so sind wir nicht bereit, das Mädchen weiterhin in unserem Heim zu behalten. Karin ist derart aufsässig und unbotmäßig, daß ihr Einfluß auf die anderen Mädchen denkbar ungünstig ist.»

Obwohl das zuständige Arbeitsamt in seinem psychologischen Eignungstest lediglich eine «knapp durchschnittliche Intelligenz» und «unzureichende Elementarkenntnisse» feststellt, nach denen «nicht mit Sicherheit zu sagen (ist), ob die Jugendliche einen Ausbildungsabschluß als Kinderpflegerin schafft», teilt die Heimleiterin dem Jugendamt als genehmigender (oder versagender) Behörde mit: «Karin hat bei der Eignungsprüfung einen charakterlich ungünstigen Eindruck gemacht und wenig Energie gezeigt.» Mit diesem Brief und dem Eignungsgutachten soll das Jugendamt nun entscheiden, ob es gewillt sein wird, die zweijährige Ausbildung zu finanzieren. Und natürlich ist es nicht gewillt.

Karriere beendet, bevor sie angefangen hat!!!

Und niemand, der die Heimleiterin einmal nach ihrem Verständnis von so vagen Begriffen wie «Charaktermängel», «Charakterschwierigkeiten», «Unbotmäßigkeiten», «Aufsässigkeit» fragt. Was ist denn «unbotmäßig»?

Wie ist einer, wenn er aufsässig ist? Was tut er dann? Woraus bestehen die Probleme des Miteinander dabei? Ja eben: des Miteinander – es muß also zumindest noch ein weiterer Kommunikationspartner an dem «unbotmäßigen» Verhalten beteiligt sein. Und wie verhält sich der? Wie schaukelt sich diese Kommunikation auf? Wie verhält sich die Pädagogin? Warum schafft sie es nicht, der verfahrenen («unbotmäßigen») Aktion eine andere Zielrichtung zu geben?

Aber ohne diese Überlegungen ist es ja viel einfacher: das Mädchen ist eben schwierig, war es schon immer – alle anderen Institutionen haben auch schon darüber geklagt. Und von Stigmatisierung muß man nicht unbedingt gehört haben.

So ist es also wieder Karin, an der alles liegt, die nun auch noch «selber schuld ist», daß sie keinen Beruf erlernen kann, obwohl sie es doch so gern möchte. «Unbotmäßigen» steht der Luxus einer Berufsausbildung nicht zu!

Daß gegen eben diese Heimleiterin nach Jahren ein Strafprozeß insbesondere wegen Kindesmißhandlung im Dienst läuft, in dem rund 30 ehemalige Heimkinder gegen sie aussagen, kann Karin auch nicht mehr weiterhelfen. Sie kann nur das bestätigt finden, was sie selber erlebt und erlitten hat:

«So bin ich dann in ein anderes Kinderheim, und zwar nach Neheim-Hüsten gekommen. Heimerfahrung hatte ich ja genug gesammelt und wußte nur zu gut, was mir bevorstand. Ein kleiner Unterschied war doch vorhanden, denn dieses Heim wurde nicht von Nonnen, sondern von Weltlichen geleitet. Sonst gab es keinen weiteren Unterschied. Auch dort wurde ich von der Heimleiterin, die wir ‹Tante Gertrud› nennen mußten, geschlagen und gequält.

Daß ich keine Schönheit bin, das habe ich sehr zu spüren bekommen, denn es ging dort nicht um das Wohl der Kinder, sondern es ging alles nach ihrer Schönheit.

Wie oft mußte ich und auch meine Heimkameradinnen abends bei der Brotzeit an der Tafel sitzen und zusehen, wie sich die Heimleiterin vollfraß. Und wir mußten dann hungrig zu Bett gehen. Wie oft wurde ich von ihr grün und blau geschlagen. Es gibt da auch noch ein paar Sachen, die ich nicht aufzählen kann, da mir sonst das Kotzen kommt. Heute weiß ich, daß die Heimleiterin pervers veranlagt war, und zwar durch und durch.

Ich mußte dort im Heim nach der Schulentlassung im Haushalt arbeiten. Nach einem Jahr hat man mich dann in die Fabrik gesteckt. Vom Verdienst bekam ich im Monat 5 DM, und bei guter Laune, die sehr selten war bei der Heimleiterin, bekam ich 10 DM Taschengeld. Wo das restliche Geld geblieben ist, ist mir erst heute klargeworden.

Später wurde die Heimleiterin wegen seelischer und körperlicher Grausamkeit angezeigt von einem Peter M.,

*Die Bücher kosten nur noch
ein Fünftel ihres früheren Preises ...*

... schrieb der Bischof von Aleria 1467 an Papst Paul II. Das war Gutenberg zu verdanken.

Heute, 500 Jahre später, kosten Taschenbücher nur etwa ein Fünftel bis ein Zehntel des Preises, der für gebundene Ausgaben zu zahlen ist. Das ist der Rotationsmaschine zu verdanken und zu einem Teil auch – der Werbung: Der Werbung für das Taschenbuch und der Werbung im Taschenbuch, wie zum Beispiel dieser Anzeige, die Ihre Aufmerksamkeit auf eine vorteilhafte Sparform lenken möchte.

der auch dort seine Kindheit verbracht hatte. Nach Rücksprache mit der Bild-Zeitung (Essen) habe ich dann erfahren, daß die Heimleiterin zwar suspendiert, aber freigesprochen wurde, obwohl fast 30 Kinder gegen sie ausgesagt hatten. Ich habe auf Vorschlag der Bild-Zeitung mit der Staatsanwaltschaft Arnsberg einen Papierkrieg angefangen, aber leider ohne Erfolg. Heute lebt sie in Paderborn und hat eine Eigentumswohnung. So ist wohl ihr Luxus von unserem Geld und auf Kosten unserer Gesundheit erworben worden. Nun ja, ich weiß, wo sie wohnt und habe auch ihre Telefonnummer. Wenn die Justiz diese Alte schon in Ruhe läßt, von mir bekommt sie keine Ruhe, und eines Tages rechne ich mit ihr ab, falls es noch keiner vor mir getan hat.»

Die Übergriffe von Berufspädagogen kommen selten vor den Kadi – und selbst wenn, bleibt das schale Gefühl zurück, das man behält, wenn ehemalig Gepeinigte – oft in Haß und in Erinnerung an all die Demütigungen – gegen ihre Peiniger aussagen, die einen ganz anderen beruflichen Status haben, sich zu wehren wissen und hinter sich eine große Organisation haben, die nach außen geschlossen auftreten, ihre Beziehungen spielen lassen, selbst wenn nach innen die Diskussion heißläuft und es dann nur zu einer Suspendierung reicht.

Was mögen die betroffenen «Außenseiter der Gesellschaft» – wie Karin seit langem eine ist – empfinden, wenn sie wegen eines Schimpfwortes («Scheißbulle») verurteilt werden, während eine mächtige Peinigerin, an die man eigentlich ganz andere Ansprüche stellen müßte, freigesprochen wird nach Jahren der Züchtigung, der Grausamkeiten und der Kindesmißhandlungen. Ob der Begriff von «Klassenjustiz» nicht doch Inhalt bekommt?

Karins Karriere bei «Tante Gertrud» endet dann jäh: sie haut ab! Das, was die Akte nicht hergibt (den Grund für eine weitere Heimverlegung!), beschreibt Karin selber in ihrem Lebenslauf:

«Mich kotzte alles so tierisch an, daß ich dann 1965 mit einer Genossin abgehauen bin. Wir sind so gegen 8 Uhr aus dem Fenster gestiegen, während die anderen Insassen in der Kapelle waren und dem lieben Gott für ihr ‹Wohlergehen› dankten. Stundenlang irrten wir durch die Gegend, bis wir an einer Autobahn standen und per Autostopp aus dem dreckigen Nest kamen. Wir machten Zwischenstationen in Werl, Soest, Paderborn, Bielefeld und Minden. Von einem Fahrer bekamen wir 5 DM, die gleich in Zigaretten und Cola umgesetzt wurden. Ansonsten schlauchten wir uns mit Bettelei durch. Geschafft, aber heil und glücklich, ließen wir uns dann von dem letzten Autofahrer in Hannover am Hauptbahnhof absetzen.

Es war fast 22 Uhr, als uns dann zwei Türken ansprachen. Da wir nicht wußten wohin, gingen wir mit den Türken in eine Kneipe, und man versorgte uns erst mal mit fester und flüssiger Nahrung. Da ich mich nicht traute, noch so spät das Kinderheim aufzusuchen, gingen wir mit den Türken in irgendein Hotel, wo wir dann die Nacht verbrachten. So unerfahren, wie ich noch war, konnte ich mit dem Kerl nichts anfangen, und so blieben wir beim Petting. Am nächsten Morgen ließen uns die Türken laufen. Sicherlich hatten die beiden Mitleid mit uns, denn ich heulte wie eine Wahnsinnige und sagte ihnen, daß wir weiter müßten.

Fix und fertig, mit strapazierten Nerven kamen wir dann im Kinderheim an. Die Nonne, bei der ich früher auf Station war, hat uns herzlich aufgenommen und uns erst mal mit Kaffee und Semmeln versorgt. Als sie dann die Knutschflecke an meinem Hals bemerkte, wußte sie natürlich Bescheid, und ich quatschte mich bei ihr aus. Dafür, daß ich von Neheim-Hüsten abgehauen bin und mit einem Türken die Nacht verbracht hatte, deportierte man mich nach Wollershausen ins Erziehungsheim.»

Für einmal Abhauen gleich in die Verbannung? Vom Kinderheim für den ersten Männerkontakt mit siebzehn Jahren in die geschlossene Fürsorgeerziehung? Wo liegt da der Sinn?

Der Sinn liegt (mal wieder!) ganz woanders: das Abhauen kam gerade recht, nun gab es endlich einen offiziellen, vorzeigbaren Grund, Karin loszuwerden, die ohnehin nicht sehr beliebt war, weil «aufsässig» und «unbotmäßig». Offenbar braucht man sich in Heimen nur ekelhaft und repressiv genug zu verhalten, dann löst sich das pädagogische Problem von ganz allein. Das Abhauen, das Per-Anhalter-Fahren unter Mitnahme eines anderen Mädchens, insbesondere aber die ersten sexuellen Erfahrungen reichen schon völlig aus, um eine latente oder manifeste «Verwahrlosung» diagnostizieren zu können. Und diese ist Voraussetzung für eine «Fürsorgeerziehung» im geschlossenen Heim, wobei der Kostenträger wechselt, so daß das Jugendamt als Vormund

und bisherige Kostenstelle auch nicht allzuviel dagegen eingewendet haben dürfte – denn nun mußte das Land zahlen.

Die ursprünglichen Pläne: hauswirtschaftliche Lehre, Kinderpflegerinnenschule, Urlaubsmöglichkeiten im Heim, Zukunft als vollwertiger Mensch, waren schnell aufgegeben, nun brauchte die «unbotmäßige» Fabrikarbeiterin nur noch entfernt zu werden, und wie gut, daß sie den Anlaß selber bot: Rolltreppe abwärts.

Das fünfte Heim, die siebte Station waren nun erreicht. Auch dieses Heim unterstand wieder demselben Träger: dem Katholischen Fürsorgeverein für Mädchen, Frauen und Kinder. So schaffen die Institutionen sich ihre Klientel selber und können es sich gegenseitig zuschieben! Auf diese Art bleibt die Existenz gesichert – ganz abgesehen davon, daß auch von außen stets für Nachschub gesorgt wird. Außerdem bleibt das Informationsnetz lückenlos erhalten – es gibt kein Entrinnen, keinen Neubeginn. Das Stigma wandert ebenso mit wie die immer dicker werdende Akte. Und was nicht in der Akte steht, wird mündlich auf gemeinsamen Tagungen, Exerzitien und Fortbildungen beim gleichen Trägerverband weitergetragen.

Karin war siebzehn Jahre alt, hatte also noch vier Jahre Zeit bis zur Volljährigkeit. Welche Chance für ein Heim, das seine Aufgaben ernst nimmt, das die Mädchen als vollwertige Mitglieder der Gesellschaft mit Beruf, mit persönlichen Fähigkeiten, mit Zukunftsperspektiven entlassen will.

Heute – nach Herabsetzung der Volljährigkeitsgrenze auf achtzehn Jahre – weinen viele Heimerzieher der alten Volljährigkeitsgrenze hinterher. Damals sei noch etwas zu machen gewesen, damals habe man Zeit gehabt, nach der Schulentlassung einen Beruf lernen zu lassen, die Jugendlichen langsam an Freiheit gewöhnen zu können und sie unter immer locker werdender Aufsicht ins Leben «draußen» entlassen zu können! Heute muß alles innerhalb von ein paar Monaten geschehen, und Mädchen und Jungen mit siebzehn Jahren werden gar nicht mehr aufgenommen.

Aber das spielte bei Karin keine Rolle. Nachdem sie bereits ein halbes Jahr im Heim war, schrieb sie: «Über einen Beruf habe ich mir weiterhin keine Gedanken gemacht. Ich weiß auch nicht mehr, ob ich jemals noch zu einem Beruf komme.»

Wie sollte sie es auch wissen! Das Erziehungsheim lag abgelegen im Zonengrenzgebiet. Die nächste Busstation war einige Kilometer entfernt, und auch in diesem nächstgrößeren Örtchen gab es keinerlei Ausbildungsmöglichkeiten. Die letzte Chance war mit der Kinderpflegerinnen-Idee vertan worden. Hier wurde nur noch erzogen! Die typische Mädchen-Sozialisation: Haushaltshilfe, Küche, ein bißchen

Landwirtschaft, Gartenbau und viel Handarbeiten. Das Heim war lange für die ausgezeichneten Handarbeiten bekannt, die die Mädchen anfertigten. Viele Arbeiten wurden als Auftrag von «draußen» angenommen – für einen Spottpreis, von dem die Mädchen natürlich nichts bekamen.

Natürlich erfuhren die Mädchen im Haushalt Anleitung für ihre Arbeit – aber es läßt sich nicht darüber hinwegtäuschen, daß mit dieser «Arbeitstherapie» ein Großteil des hauswirtschaftlichen Personals eingespart werden kann. Die Arbeitskräfte sind nicht nur «billig», sondern sie bringen sogar noch etwas ein: den Pflegesatz der Landesjugendämter. Daß keine Sozialabgaben gezahlt werden, ist selbstverständlich, denn schließlich handelt es sich bei den Mädchen nicht um Arbeitskräfte, sondern um «Heimzöglinge».

Wie in der Pflegestelle, wie im Kinderheim, so auch hier: das Mädchen «erarbeitet kaum sein Essen» – sollen die Institutionen da noch zusetzen? Aber selbst bei einem so hohen Arbeitseinsatz vieler Mädchen (auch wenn sie nur beschränkt einsatzfähig sein sollten, läppert es sich zusammen!) tragen die Heime sich nicht selber, sondern müssen hoch bezuschußt werden über den ständig steigenden Pflegesatz. Daß konfessionelle Heime lange Zeit die niedrigsten Preise hatten, mag mit diesen Arbeitseinsätzen zusammenhängen: sie sicherten ihnen auf alle Fälle auf Grund der niedrigen Tagessätze «volles Haus», denn die Landesjugendämter sind nicht in erster Linie an pädagogischer Qualität interessiert (woran auch immer die zu messen wäre!), sondern daran, nicht zuviel Geld für die öffentliche Erziehung auszugeben.

Die Mädchen arbeiten also – könnten durch ihre Leistungen draußen zumindest einen bescheidenen Lebenswandel führen –, erarbeiten aber alles im Interesse der Institution, die sich nicht nur selber erhält, sondern durch den Arbeitskräfteeinsatz in der Lage ist, sich selbst immer wieder zu erneuern. Das Zufuhrsystem aus den anderen, verwandten und durch gemeinsame Träger verbundenen Institutionen klappt ebenfalls: für die Reproduktion billiger Arbeitskräfte in kirchlichen Institutionen außerhalb der Heime und nach Volljährigkeit ist auch wieder gesorgt, denn wohin sonst wird eine einundzwanzigjährige Frau ohne Ausbildung mit ein paar Haushaltskenntnissen vermittelt?

Im Falle von Karin fand der erste «Arbeitseinsatz» «zur Bewährung» im katholischen B-Krankenhaus in Hildesheim statt. Haushaltshilfe, Küchenhilfe, Stationshilfe! Etwas anderes hatte sie auch nicht lernen können – und bei diesem Stand der geschlossenen Erziehung ist jeder Heimerzieher sogar noch froh, wenn die kirchlichen

Organisationen «diese Mädchen» überhaupt nehmen, die ja anderweitig kein Unterkommen fänden! Wenn alle Chancen vertan, alle Startmöglichkeiten verschenkt sind, dann gibt es tatsächlich keine anderen Einsatzfelder mehr – wem kann man da noch Vorwürfe machen!? Es ist ein in sich geschlossenes System, in dem man keiner Einzelperson «Methode» vorwerfen kann – dennoch funktioniert sie –, die Mädchensozialisation alten Stils, die Dienstbotenrekrutierung, die Reproduktion von Armut und Asozialität.

Karin erinnert sich auch noch an diese Heimzeit:

«Dafür, daß ich von Neheim-Hüsten abgehauen bin und mit einem Türken die Nacht verbracht hatte, deportierte man mich nach Wollershausen ins Erziehungsheim. Wenn ich an diese Zeit denke, dann kommt mir schon wieder das Kotzen. Wir wurden zwar nicht geschlagen, aber ich fühlte mich um 100 Jahre zurückversetzt. Camelia mußten wir uns selber stricken, die dann nach Gebrauch ausgekocht und gestopft wurden und die dann nach Entlassung an Neulinge weitervererbt wurden. Während der Arbeitszeit (8 bis 12 Uhr, 14 bis 17 Uhr) und der Nachtruhe (22 bis 7 Uhr) war Sprechverbot. Wer in dieser Zeit trotzdem gesprochen hat, bekam dann auch noch in der knappen Freizeit Sprechverbot. Kontakte mit der Außenwelt hatte man nur alle vierzehn Tage einmal – denn da durften wir Briefe schreiben, die von der Erzieherin zensiert wurden. Besuchserlaubnis gab es nur einmal im Monat. Zigaretten und Bohnenkaffee waren verpönt. Flucht war unmöglich. Ich habe es zweimal versucht, aber die Schweine verfolgten mich mit ihren Karren, so daß ich ins Feld flüchten mußte, wo ich dann von mehreren Erzieherinnen umzingelt wurde. Nachdem ich wieder eingefangen war, gab es von der Gruppe Prügel und von der Leiterin Urlaubssperre und Isolation. Und nur, weil ich mich von einer unerträglichen Diktatur befreien wollte. Das war nicht in der DDR, sondern in der BRD, und wir hatten schon 1965 bis 68!»

## Versuch in Freiheit

«Nach sehr langen Heimaufenthalten» soll Karin mit über 20 Jahren sich nun endlich «in Freiheit bewähren». Bis zur Volljährigkeit sind es nur noch knapp neun Monate – spätestens dann müßte sie sowieso aus dem Heim. Nun sollen die letzten Monate der Fürsorgeerziehung «ambulant» durchgeführt werden – wie es das Jugendwohlfahrtsgesetz erlaubt. «Schutzhilfe» nennt sich das in Niedersachsen: Arbeitsvermittlung, Beaufsichtigung, Kontrolle, Anleitung, Einführung, Zuspruch, Ermunterung, Vermittlung, Schlichtung, Geldverwaltung, Zimmervermittlung – alles, alles, alles ist darin enthalten. Im Grunde genommen alles, was ein «normal» aufgewachsener Mensch in diesem Alter allein bewerkstelligen kann. Ein Mensch, der jedoch von Heim zu Heim weitergereicht wurde, kann weder mit Geld umgehen noch weiß er, wie man sich Arbeit sucht, wie man sich bewirbt, wie man zu einem Zimmer kommt, wie man sich wo anmeldet ...

In neun Monaten Schutzhilfe wird nun alles nachgeholt werden müssen – unter erschwerten Bedingungen, denn das Mißtrauen der hin- und hergeschubsten jungen Frau, die immer nur «versagt», ist größer als die Hoffnung, aus sich selber noch etwas machen zu können.

So trete ich bei Karin also 1968 meine erste Sozialarbeiterstelle an. «Die Betreuung dieses Mädchens wird schwierig sein. Trotzdem möchten wir den Fürsorgeverein herzlich bitten, die Stellenvermittlung vorzubereiten und die Außenfürsorge für Karin zu übernehmen. Der Amtsvormund (JA Hannover) ist damit einverstanden. Wir wären dankbar, wenn wir Karin kurz nach dem Dienstantritt von Frau Swientek nach Hannover entlassen könnten ...» schreibt das Heim. Die beigefügte Beurteilung ist äußerst mäßig – offenbar merkt niemand, daß sich hier die öffentliche Erziehung selber ein Zeugnis ausstellt.

«Karin zeigt unverkennbar psychopathische Züge. Sie ist überempfindlich, leicht beleidigt und sehr nörgelig. Sie nimmt Anforderungen übel und hetzt dann leicht unter der Oberfläche. Intellektuell ist sie minderbegabt. Trotz dieser ungünstigen Veranlagung hat Karin arbeiten gelernt. Sie beherrscht die vorkommenden Hausarbeiten, wie Putzen, Waschen, Stopfen usw., und sie hat einige Grundkenntnisse im Kochen. Aber sie ist nicht imstande, selbständig zu arbeiten und ihre Arbeit sich einzuteilen. Einsetzbar ist sie nur in einem begrenzten, gut überschaubaren Arbeitsbereich. Wenn sie nicht überfordert wird, hat sie durchaus auch ihre guten Zeiten, in denen sie willig, freundlich und fleißig ist.»

Das Resultat von zwanzig Jahren öffentlicher Erziehung: kann Putzen, Waschen, Stopfen und hat Grundkenntnisse im Kochen. Ansonsten überempfindlich, leicht beleidigt und nörgelig – welch Ergebnis! Und das alles *muß* ja geradezu Veranlagung («Psychopathie»!) sein, denn sonst müßten die Institutionen, die sich die Klientin gegenseitig zugearbeitet haben, einmal über die Konsequenzen ihres Tuns nachdenken.

Um es vorwegzunehmen: Bis zu ihrer Volljährigkeit war Karin bei mir weder nörgelig noch beleidigt, noch nahm sie Anforderungen übel. Sie hetzte nicht, sie zeigte keine «psychopathischen Züge» – sie war einfach ein Mädchen aus einem Heim: verschüchtert, sehr ruhig, sehr angespannt, in ständiger Erwartung von Negativem lebend und in Erwartung des großen, des einzigen Augenblicks des Lebens: des 21. Geburtstags. Endlich frei!

Ich vermittelte sie innerhalb von vier Tagen in ein Altersheim, in dem sie ihre Kenntnisse und Fähigkeiten unter Beweis stellen konnte: Haushaltsarbeiten. Etwas anderes war zu diesem Zeitpunkt nicht «drin». Sie sollte und wollte raus – alles andere mußte sich in Ruhe erst mal finden lassen.

Karin beginnt zu arbeiten: sauber, fleißig, zuverlässig. Die Oberin des Altersheimes ist mit ihr sehr zufrieden. Karin wiederum ist es auch: sie bekommt mehr Taschengeld als erwartet, sie hat ein kleines Zimmer für sich allein und im Heim trifft sie eine «alte Bekannte» aus Kinderheimtagen wieder.

So «betreue» ich sie also: alle zwei Wochen treffen wir uns. Im Büro, in der Stadt, beim Eisessen. Wir machen zusammen Einkäufe, wobei Karin sich sehr geschickt und vernünftig zeigt, wir überlegen zusammen ihre Weihnachtsgeschenke und ihre Urlaubsplanung. Alles läuft ohne Probleme.

Aber nach vier Wochen geht es los: Karin hat einen «alten Freund» von früher getroffen. Sie will ihn noch spät am Abend mit auf ihr Zimmer nehmen. Es wird ihr verwehrt. Sie bleibt die ganze Nacht fort. Sie «bemüht sich nicht mehr so wie am Anfang», einmal weigert sie sich sogar, eine Arbeit auszuführen … Ich springe ein, vermittle, alles geht wieder ein Weilchen. Für keinen «normalen» Arbeitnehmer wäre das etwas Besonderes: vom Privatleben schon mal ganz abgesehen – aber etwas Unlust, mal eine Verweigerung – wer kennt das nicht? Hier wird es auf die Goldwaage gelegt – und jedem Beteiligten fallen gleich alle Sünden der letzten zwanzig Erziehungsjahre ein: Ja, so wurde doch Karin schon immer beurteilt, nun geht das bei uns also auch los!

Dann kommt der erste Knall: eine Ordensschwester beschimpft

Karin als «dreckigen Fürsorgezögling» und fordert sie auf, ihr «gottloses Maul zu halten». Der Pfarrer des Heimes ruft mich an und teilt mir das mit. Karin sei hilfsbereit, freundlich, höflich. Allerdings sei sie affektgeladen. «Hier auf der Station hat sie absolut keine Chancen», sagt er und bezeichnet die Schwester als «dumm, böswillig, ordinär und primitiv». Bei ihr seien sogar völlig normale Mädchen überfordert. Karin würde dort verbittert werden, weil man ihr keine positiven Arbeitserlebnisse gönne.

Der Oberin ist nichts von alldem bekannt. Wir sprechen lange und ausführlich darüber – auch über längere Ausgehzeiten (wenigstens einmal pro Woche länger als 22 Uhr – immerhin ist Karin fast 21 Jahre alt!), über unsere Verantwortung einem Menschen gegenüber, der von Anfang an geringere Chancen hatte als wir ... alles renkt sich erst mal wieder ein. Aber nur für ein paar Monate: die Schwester kann es nicht lassen, Karin zu reizen, und Karin kann es nicht lassen, sich zu wehren. Das wird ihr übelgenommen. Als Abhängiger wehrt man sich nicht! Eines Tages passiert es dann: die Schwester kränkt sie mal wieder auf gewohnte Weise, und Karin packt sie an den Schultern, um sie ... Ja, was? Karin läßt schnell wieder los und rennt auf ihr Zimmer. Unterm Personal spricht sich dieser Vorfall schnell herum: Karin sei der armen Schwester L. «an die Gurgel gesprungen». Wieder interveniert der Pfarrer des Heimes – Karin habe keine Schuld, wenn man so gereizt würde, müsse man sich wehren ...

Offenbar sieht man auch in dem Heim die Probleme, die nicht nur von Karin ausgehen: immerhin bietet die Oberin an, Karin auch über den 21. Geburtstag hinaus zu behalten – mit regulärem Arbeitsvertrag. Ich atme auf. So geht es erst mal einen kleinen Schritt weiter!


## Endlich volljährig – mit roten Rosen und Rachegedanken

Mit Volljährigkeit endet unsere gegenseitige «berufliche Beziehung». Das Gesparte muß abgerechnet, die Arbeitspapiere auf den letzten Stand gebracht werden, ein bißchen Geburtstagsplanung gehört auch mit dazu – und dann ist Karin plötzlich erwachsen, kann tun und lassen, was sie will, endlich frei!

Wir verabreden uns zum letzten Gespräch – und Karin erscheint mit einem Riesenstrauß roter Rosen für mich und mit der überraschenden Bitte, weiterhin kommen zu dürfen, weiterhin Rat zu holen, wenn nötig. Ich bin überwältigt, und ich bin dankbar. Und dann kommt Karin auch gleich mit der ersten Bitte – sozusagen außerhalb unserer bisherigen Beziehung: sie will jetzt endlich Rede und Antwort für das, was ihr in all den Jahren widerfahren ist. Und plötzlich wird mir deutlich, welchen Haß Karin in sich trägt, diese angeblich so minderbegabte Karin, die seit Jahren genau durchschaut, was ihr passiert, die auch schon lange den Durchblick hat, sich ausgenutzt fühlt, weiß, welchen Platz in der Gesellschaft sie einnehmen soll, ohne danach gefragt worden zu sein.

Sie hat alles registriert, sie hat nichts übersehen und sie hat auch nichts vergessen! Und nun will sie die Abrechnung! Zumindest das Jugendamt als Vormund soll sich äußern – sie will Erklärungen, sie will wissen, wie es zu den Entscheidungen kam, die ihr Leben bisher geprägt haben.

Sie schreibt einen Brief – ich gehe ihn mit ihr durch und tippe ihn der besseren Leserlichkeit halber noch für sie ab:

> «Da ich am 19. 7. 69 volljährig geworden bin und das
> Stadtjugendamt mein Vormund war, wurde mir jetzt
> vom Amtsgericht eine Entlastungserklärung zugesandt,
> die ich unterschreiben soll. Vorher hätte ich gerne noch
> ein paar Fragen geklärt ...»

Das Jugendamt «klärt» jedoch nicht! Auf Anmahnung äußert es sich viel zu spät, das alles «verjährt» sei.

Karin feiert ihren 21. Geburtstag, den langersehnten, ausführlich. Und in dieser Geburtstagsfeier ist schon alles angelegt, was Karins weiteres Leben bestimmen soll: Alkohol, Depressionen, Selbstmordversuche, Tobsuchtsanfälle.

Karin berichtet über diese Feier:

> «Meinen 21. Geburtstag habe ich dann mit Alkohol ausgiebig gefeiert. Meine Volljährigkeit mußte begossen
> werden, und dazu lud ich meine Arbeitskolleginnen und
> die Küchenschwester ein. Wir feierten in meinem Zimmer im vierten Stockwerk mit Ananasbowle. Man hatte
> mir später, ohne daß ich es merkte, immer wieder Korn
> in mein Glas geschüttet. Noch war ich ausgelassen und
> machte allen Quatsch, den die Kolleginnen ausheckten,
> voll mit. Bis mein Zustand kritisch wurde und ich anfing
> zu toben, denn ich hatte ganz plötzlich einen Moralischen bekommen.
> Die Kolleginnen verdrückten sich auf ihre Zimmer und
> ließen mich auf dem Flur weitertoben. Als es ihnen verdächtig still vorkam, war man neugierig geworden, was

ich wohl angestellt haben könnte. Wenn denen die plötzliche Ruhe auf dem Flur nicht verdächtig vorgekommen wäre, dann würde ich heute nicht mehr leben, denn ich hing schon ziemlich weit aus dem Fenster. In letzter Minute packte man mich an den Beinen und zog mich wieder ins Innere. Eine Kollegin mußte die ganze Nacht bei mir wachen, weil ich nur noch von Selbstmord sprach. Ich hatte das damals alles so satt, daß ich nicht mehr weiterleben wollte.

Nach diesem Vorfall bin ich dann zum Nervenarzt gegangen, der mir den Alkohol verbot, aber mir Beruhigungstabletten verschrieb, weil meine Nervosität schon überhand nahm. (Daß ich allmählich von den Tabletten abhängig wurde, das habe ich erst begriffen, als es schon zu spät war.) Vom Pfarrer im Altersheim wurde ich noch gewarnt, aber ich habe nur gelacht.»

Die «Deutung» dieser Geburtstagsfeier fällt nicht schwer: es ist der seit Jahren ersehnte Tag, der Tag, an dem sich alles ändern soll. Daß das Leben aber so weitergehen wird wie bisher, ist Karin letztendlich klar – sie macht sich keine Illusionen. Jedoch ist mit diesem Tag ein Riesendruck von ihr genommen. Das ständige Bewußtsein, bei «Versagen» entsprechende Konsequenzen erleiden zu müssen, die Forderung, sich bei jeder auch noch so widerwärtigen Situation «anständig» zu benehmen, das Gefühl, mit allem abhängig zu sein, ist plötzlich weg. Diese Erwartungen von außen und der Angstdruck von innen fallen plötzlich fort.

Sie fallen fort wie eine durchtrennte Schnur, die nur mit Mühe ein festverschnürtes Paket zusammengehalten hat. Das Paket fällt auseinander, zerfällt in seine Einzelteile. Und zum Vorschein kommt alles, was sich in 21 Jahren darinnen angestaut hat an Haß – umgewandelt in Selbsthaß, in Selbstdestruktion. Sie tobt – und dann wendet sie sich gegen sich selber. Sie hat gelernt: Du darfst nicht töten, du darfst nicht schlagen, du darfst nicht aggressiv sein. Das dürfen nur andere. Nur andere dürfen dich schlagen, dürfen dich verletzen. Du darfst dich auch nicht wehren, sonst gibt es gleich Strafen, die dich noch weiter reinreißen. Gleichzeitig hat sie über zwei Jahrzehnte gelernt, wie wenig sie wert ist, wie man mit ihr umspringen kann, wie man sie demütigen kann. Und beides zusammen, die Aggressionsumkehr und der (angelernte) Selbsthaß zeigen das Ergebnis: die Selbstzerstörung, die scheinbar mit nichts aufzuhalten ist.

Die Geburtstagsfeier ist nicht der Schlüssel zum weiteren Gesche-

Liebe Frau Swintek!

Bitte verzeihen Sie mir wenn ich jetzt doch andere Wege gehe. Ich bin vollkommen fertig. Bitte suchen Sie mich nicht, es hat keinen Zweck mehr. Ich werde so langsame Zu- grunde gehen. Vielleicht, wenn ich es ganz satt habe werde ich Taplet ten nehmen. Ich habe welche mit. Es kann nicht mehr so weitergehen Mein Leben war sinlos nun habe ich endgültig die Nerven verloren.
Vielen Dank für alles, mehr konnten Sie für mich nicht machen.

Es grüßt Sie ganz herzlich
Karin.

Falls mir etwas zustoßen sollte, mein Leben hat ███ ████████ auf dem Gewissen

*[linker Rand, vertikal:]* Bitte nehmen Sie mir dieses Abschiedsbriefchen nicht übel, aber ich konnte

hen, sie ist nur – gebündelt in ein paar Stunden – Karins weiteres Leben, das aus den vielfältigsten Versuchen besteht, sich an anderen zu rächen und gleichzeitig damit sich selber zu zerstören. Oder aber auch umgekehrt: sich selbst zu zerstören, um sich damit an all ihren Peinigern zu rächen.

Der Abwärtstrend ist angelegt, ist durch nichts mehr aufzuhalten. Die Kugel rollt nach unten – je nach Gefälle mal schneller, mal langsamer. Selten wird sie aufgehalten. Und selbst dann hat sie noch so einen Schwung, daß sie auch diese kleinen Hürden des Wohlmeinens, der positiven Versuche nimmt.

Karins weiteres Leben gleicht einer Klickerbahn: die oben eingeworfene Kugel rollt die erste Schräge hinunter, fällt durch ein Loch am Ende dieser Bahn, trifft auf die nächste Schräge, weiter geht es bergab, durchs nächste Loch, die nächste Schräge hinunter ... Klikkerbahnen gibt es in vielen Ausführungen – mit sechs bis zwölf Schrägen. Das Herunterrollen und Durchfallen der Kugel ist unvermeidlich und kann nur aufgehalten werden, indem die Kugel von geschickter Hand aus dem Spiel genommen wird. Sonst kommt sie unweigerlich unten an. Ganz unten. Dann ist das Spiel aus. Die Länge des Spiels ist abhängig von der Anzahl der Schrägen und der Anzahl der Löcher, durch die die Kugel fallen kann ...

Von Station zu Station – so verläuft nun Karins Leben. Straße, Hauptbahnhof, Polizeigewahrsam, Gefängnis, Psychiatrische Klinik, Trinkerheilanstalt, Straße ...

# V. Nur noch auf dem Bahnhof gammeln ...

Gleich nach ihrem ersten verteitelten Selbstmordversuch begab Karin sich in psychiatrische Behandlung. Der niedergelassene Nervenarzt war mir bekannt, ich gab Karin seine Adresse. Ich machte mir damals noch Illusionen über die Möglichkeiten der Psychiatrie. Karin ging hin. Sie fand Dr. Th. sympathisch, faßte Vertrauen und auch er war ihr wohlgesonnen – aber eine bessere Idee als ihr Beruhigungsmittel zu verschreiben, hatte er nicht. Daß er damit eine Suchtkarriere einleitete, ahnte er wohl auch nicht. Nun wird es wohl kaum die erste Suchtkarriere sein, die ein Nervenarzt fahrlässig einleitet, aber Karins «Vorleben» prädestinierte sie mehr als jeden anderen «Normalbürger» dafür. Und er kannte ihre Biographie – ich hatte sie mit ihm ausführlich erörtert.

Karin litt zunehmend unter Depressionen. Sie kam zwar einigermaßen mit ihren Arbeitskolleginnen klar – mit sich selber jedoch überhaupt nicht. Sie könne den Druck ihrer unglücklichen Kindheit nicht ertragen und vergessen könne sie auch nicht.

Jede sich anbahnende Neuerung versetzte sie in kaum zu ertragende Spannungen. Die Angst vor ungewollt neuen Situationen lauerte ständig in ihr, und jede auch noch so kleine Versagung stellte sie gleich als ganzen Menschen in Frage. Ihre negative Erwartenshaltung – «es kann ja gar nicht gut gehen» – war die Grunderfahrung ihres bisherigen Lebens. Sie war es, die Karins gesamte Vitalität blockierte, die sie zur Untätigkeit, zum starren Verharren verdammte.

Vier Wochen nach Aufnahme der ambulanten psychiatrischen Behandlung schlägt Dr. Th. der wieder einmal verzweifelten Karin sehr vorsichtig einen Krankenhausaufenthalt vor. In einer psychiatrischen Klinik könne man ihr leichter helfen, meint er – Protest und Entrüstung erwartend. Als Karin sofort einwilligt, ruft Dr. Th. mich an und sagt, es sei erschütternd gewesen, wie schnell sie mit diesem Vorschlag einverstanden gewesen sei. Karin müsse ein starkes Bedürfnis nach Schutz und Sicherheit haben, daß sie sich freiwillig in eine solche Klinik begäbe.

Ich besuche Karin ein paar Tage später in der Klinik weit draußen auf dem Lande. Ich spreche auch mit dem behandelnden Oberarzt Dr. C., der angibt, die Patientin nicht behandeln zu können. Sie sei eine «gemütsarme Psychopathin», für die er keine Behandlungsmethoden habe. Karin könne ausschließlich psychotherapeutisch behandelt werden, falls diese Methode überhaupt Erfolg bei ihr zeigen würde. Sie sei nicht unintelligent, würde jedoch zu ihrer «Psychopathie» auch noch neurotisch reagieren. Er könne ausschließlich medikamentös behandeln – ansonsten würde er sie entlassen, sobald Wohn-

und Arbeitsmöglichkeiten bereitstünden. Er ist der Überzeugung, es handele sich bei der Patientin um keine Erkrankung, die von der Krankenkasse getragen würde. Im übrigen gäbe es wenig Möglichkeiten zur Änderung, und er selber habe auch noch nie einen Menschen gesehen, der noch nach 22 Jahren seinen Charakter geändert habe.

Diese Stellungnahme wird Karin ihr Leben lang begleiten – von Institution zu Institution, ist sie doch die einfachste Beurteilung des «Falles», die man sich machen kann. Das Erstaunlichste ist wohl, daß ein zweiundzwanzigjähriger Mensch nicht mehr in der Lage sei, sich zu ändern. Daraus ließe sich ableiten, daß das Gros des psychiatrischen Bettenberges gar nicht benötigt wird – es sei denn für die ausschließliche Verwahrung bis zum Tod in der Anstalt.

Die Diagnose «gemütsarme Psychopathin» sagt weniger über Karins psychischen Zustand als vielmehr etwas über den Wissensstand des Psychiaters aus: der Begriff ist längst veraltet und besagte ursprünglich, daß die jeweiligen Patienten unter einer angeborenen Gemütsarmut litten.

Ausschließlich eine Psychotherapie könne vielleicht Erfolg haben – aber nicht bei dieser Kassenpatientin. Denn ob die Kasse überhaupt zahlen würde ... Pech gehabt! Kaputtgemacht von Einzelpersonen, «Sachzwängen» und Institutionen steht niemand bereit, der jetzt die Behebung der Schäden bezahlen würde! Und kaputte Typen haben nun mal nicht die Mittel, sich eine Psychotherapie aus eigener Tasche leisten zu können.

So bleibt Karin also bei ihren Störungen. Wieweit im Krankenhaus mit ihr über Diagnose und Prognose gesprochen wird, weiß ich nicht. Sie hatte sich mit viel Hoffnung einweisen lassen – aber nach zwei Tagen stand für den behandelnden Arzt fest, daß da nichts zu machen sei. Nach sechs Tagen ist Karin wieder draußen – nichts hat sich geändert. Nur um eine Hoffnung ärmer ist sie. Als «gemütsarme Psychopathin» hätte sie diese Absage an ihr weiteres Leben gar nicht berühren dürfen. Sie tat es aber doch.

Wie Menschen dazu kommen, ihr Leben fast ausschließlich auf Bahnhöfen, unter Brücken und in öffentlichen Parks zu verbringen, ist nicht bekannt. Für Karin war es ein Entschluß von einem Tag auf den anderen: «Wenn ich aus dem Krankenhaus entlassen werde, will ich nur noch auf dem Bahnhof gammeln», hat sie gesagt. Die Hoffnung auf ein «normales» Leben war ausgelöscht. Der Arzt konnte oder wollte ihr nicht helfen, ihre Arbeitsstelle hatte sie gerade wegen einer Schlägerei gefährdet – und sie wußte, daß das nicht mehr lange gutgehen würde. Eine erhoffte Verlobung mit einem jungen Mann, den sie ein paar Wochen vorher kennengelernt hatte, kam nicht zustande. Das wenige, was Karin darüber erzählte, ließ darauf schließen, daß sie mit Versprechungen ausgenutzt worden war. Viel an Verbindung und Beziehung war nicht vorhanden. Aber für Karin war es der erste Versuch, der gleich scheiterte.

Karin war mal wieder am Ende angelangt – nichts ging mehr. Die goldene Freiheit hielt auch nicht, was sie versprochen hatte, sondern servierte ihr statt dessen die Quittung für die vergangenen durchlittenen zwanzig Jahre Institutionserziehung. Der Traum vom «endlich freien Leben» war vorerst ausgeträumt – da war nichts an Freiheit, da war nur Realität.

«Auf dem Bahnhof gammeln» war wie ein Übergang, ein Warten, wie es dann wohl weitergehen könnte. Erst mal Pause, Neuorientierung, sich selber finden, sich auf die ungewohnten Realitäten einstellen ...

Und so «gammelte» Karin eben. In meiner Ratlosigkeit hatte ich ihr angeboten, wenigstens die Nächte im Mädchenwohnheim zu verbringen, wenigstens eine ordentliche Mahlzeit am Tag dort zu sich zu nehmen. Dankbar willigte sie ein.

Schon sechs Tage später besann sie sich und ließ sich vom Arbeitsamt eine Stelle in einem Haushalt vermitteln. Als sie dort abgelehnt wurde, schien sich ihre Angst, das «normale» Leben nicht bestehen zu können, schlagartig zu vergrößern. Außerdem war es keine Absage an sie als Arbeitskraft, sondern an sie als Mensch. Sie schluckte eine Überdosis Beruhigungsmittel, wurde im Krankenhaus entgiftet, wieder entlassen und war nun davon überzeugt, daß das Leben ihr nichts mehr außer dem Hauptbahnhof zu bieten habe. So stand sie also Tag für Tag auf dem Bahnhof herum. Zunächst wurde sie von der Bahnpolizei nur zur Kenntnis genommen, dann kontrolliert. Auf dem Bahnhof dürfen sich nur Reisende aufhalten, die sich mit einer gültigen Fahrkarte legitimieren können. Karin konnte das nicht. Sie wurde aufgefordert, das Bahnhofsgelände zu verlassen. Sie tat es nicht. So bekam sie ihre erste Anzeige: Hausfriedensbruch.

Sehr schnell fand Karin auf dem Bahnhof Anschluß an andere Menschen, die sich ebenso irritiert und zukunftslos dort den Tag vertrieben.

Eines Tages tauchte sie in meiner Dienststelle mit einem Mann Mitte Dreißig auf, der sich mir als «Kapitän des Hauptbahnhofes» vorstellte. Er erzählte, daß er Karin retten wolle – insbesondere war er besorgt um ihr Sexualleben: sie hatte nicht mit ihm schlafen wollen. Er sei besorgt um die Menschen, die sich auf dem Bahnhof und in den Straßen herumtrieben, erzählte er. Er würde ihnen Geld leihen, gleichzeitig würde er auch von der Polizei für Spitzeldienste bezahlt werden. Auf diese Weise sorge er ein bißchen mit für Ordnung – und nun wolle er sich Karins annehmen. Als erstes solle ich mit ihr doch zu einer Frauenärztin gehen. Dann wolle er ihre Lebensgeschichte aufrollen und an eine Zeitung verkaufen und auch bei der verurteilten Heimleiterin sei ja wohl für die Vergangenheit noch etwas herauszuschlagen.

Er ließ keinen Zweifel daran, daß er Karin für seine erpresserischen Machenschaften einsetzen wollte. Er tat es – zunächst auf andere Art: Karin mußte «Schmiere stehen» bei Einbrüchen in Kiosken und einer Tankstelle. Sie wurde sofort erwischt und verbrachte ihre erste Nacht im Polizeigewahrsam.

Karin hielt sich weiterhin auf dem Bahnhof auf. Von der Bahnpolizei erhielt sie «Bahnhofsverbot», das sie jedoch einfach ignorierte. Die Bahnpolizei «erwischte» sie fast täglich – und fast täglich bekam sie dann eine Anzeige wegen Hausfriedensbruchs.

Die eine Nacht im Gefängnis zeigte Wirkung – sie war für Karin ein Schock. Sie suchte sich eine neue Stelle und begann ihr Doppelleben: tagsüber als Hilfe im Altersheim, abends und nachts als «Gammlerin» im, vor und neben dem Bahnhof. Ihre gesamte Freizeit verbrachte sie dort, aber die Sehnsucht nach einem heilen Leben und einem schönen Zuhause manifestierte sich in ihren Geldausgaben. Neben dem obligatorischen Fernsehgerät ließ sie sich von einem Vertreter Geschirr und Gläser mit echtem Goldrand für mehrere tausend Mark aufschwatzen. (Noch Jahre später zahlte sie daran ab, bis die Firma nach langem Schriftwechsel und vielen Zugeständnissen sich bereiterklärte, den Vertrag zu lösen, keine weiteren Lieferungen mehr zu schicken und auch auf die restlichen 4000 DM zu verzichten. Zu diesem Zeitpunkt war jedoch schon alles den Bach hinunter. Für ein paar Mark hatte Karin ihre gesamten Kostbarkeiten verkauft, um für den Erlös Medikamente zu erstehen!)

Im Altersheim ließ sich zunächst alles gut an. Aber nach ein paar Monaten kam es auch an dieser Stelle zu Streitereien mit dem anderen Personal, und Karin schlug wieder zu. Da sie inzwischen mehrfach bei gemeinschaftlichen Einbrüchen und Kaufhausdiebstählen erwischt worden war und ein Strafverfahren erwartete, kündigte sie «vorsichtshalber» gleich und wartete erst gar nicht ab, wie man im Heim darauf reagieren würde. Der Rausschmiß schien ihr sicher – und nun war sie wieder an dem gleichen Punkt angelangt, an dem sie ein halbes Jahr zuvor ihrem Leben nach der ersten Knasterfahrung eine Wende geben wollte.

Ohne Berufsausbildung wollte sie jetzt nicht mehr arbeiten. Zu Handlangerdiensten und Hilfsarbeiten habe sie keine Lust mehr. Konkrete Pläne hatte sie nicht, und so begleitete ich sie zur Berufsberatung. Aber dort konnte man nicht helfen. Eine Erstausbildung würde niemand bezahlen, schließlich sei sie schon 23 Jahre alt, und eine Umschulung käme erst nach mindestens drei vollen Jahren Berufstätigkeit in Frage. Gleichzeitig äußerte die Berufsberatung erhebliche Bedenken wegen Karins Straffälligkeit, ihrem Verhalten und ihrem inzwischen sehr ungepflegten Äußeren. Ihre Berufschancen schienen äußerst gering.

Ohne Arbeitsstelle verbrachte Karin nun Tage und Nächte «irgendwo». Die Anzeigen wegen Hausfriedensbruch häuften sich, und Karin wurde weiterhin bei Diebstählen erwischt. Da sie keinen festen Wohnsitz mehr aufzuweisen hatte, wurde sie kurzerhand in Untersuchungshaft überführt, als sie mal wieder aufgegriffen wurde.

Sieben Wochen U-Haft schienen dann zunächst endlich einen Durchbruch gebracht zu haben. Karin war erst mal kuriert. Innerhalb von sechs Tagen hatte sie eine Arbeitsstelle in einer Fabrik und ein Zimmer in einem Wohnheim. Die Möbel bekam sie von einem Pfarrer und zur Betriebsfürsorgerin nahm sie sofort Kontakt auf. Nun sieht sie plötzlich wieder eine Zukunft vor sich – die Arbeit macht ihr Spaß, sie fühlt sich wohl, fast ist sie «angekommen».

Aber es geht auch hier nur ein halbes Jahr gut. Dann beginnt Karin zu trinken. Sie kommt nicht mehr nüchtern zur Arbeit, manchmal kommt sie auch gar nicht. Mit Hilfe der Betriebsfürsorgerin «schafft» es Karin, sich noch ein paar Monate an dieser Stelle zu halten, aber dann läßt sie sich wieder hinreißen und ohrfeigt eine Mitarbeiterin. Diese läuft mit Nasenbluten zum Meister, und Karin ist fristlos entlassen. Schlägereien am Arbeitsplatz gehören zu den Todsünden im Betrieb, wird ihr erklärt, da gibt es kein Pardon mehr.

Hilfesuchend wendet Karin sich wieder einmal an ihren Nervenarzt, der sie umgehend in eine Alkoholikergruppe vermittelt. Die erste Entziehungskur folgt – das Zimmer im Heim bleibt ihr erhalten, sie fliegt nach Berlin ins Krankenhaus. Dort fühlt sie sich wohl und angenommen. Bei der Entlassung ist sie «trocken». Über die dann folgende Zeit berichtet Karin in ihrem Lebenslauf:

«Nach den erfolgreichen sechs Wochen Therapie flog ich wieder nach Hannover und verschanzte mich auf meinem Zimmer im Wohnheim, welches mir noch erhalten geblieben war. Auf meinem Tisch lagen noch einige Beruhigungs- und Schlaftabletten. Da ich mir so verlassen vorkam, nahm ich gleich ein paar Pillen, und nach einiger Zeit ging es mir wieder besser.

Am nächsten Tag ging ich auf Arbeitssuche, und wie immer hatte ich auch diesmal Glück, denn ich wurde angenommen, obwohl ich dem Einstellungsleiter erzählte, daß ich gerade eine Entziehungskur wegen Alkohol hinter mir hätte. Daß ich Tabletten zu mir nahm, verschwieg ich aber. Es ging auch eine ganze Zeitlang gut mit mir. Ich nahm jeden Morgen zwei Schlaftabletten zu mir, damit meine Hände ruhig blieben, denn zum Löten brauchte ich ruhige und keine zittrigen Hände. Eines Tages schluckte ich auch noch Distraneurin (Beruhigungsmittel) und man mußte mich vom Werk aus mit Blaulicht ins Krankenhaus bringen. Irgendwann bin ich dann im Krankenhaus zu mir gekommen und bekam Angst, daß ich meine Arbeitsstelle verlieren könnte. Aber ich bekam noch mal eine Chance und konnte weiterhin dort arbeiten. Tabletten schluckte ich fleißig weiter.

Inzwischen hatte ich einen Typen kennengelernt, der Blankorezepte besaß und der dann für mich Tabletten besorgte. Da ich ihm sympathisch war, verkaufte er sie an mich spottbillig. Leider war unser Treffpunkt wieder der Bahnhof. Ich wußte, daß, wenn mich die Bahnbullen erblicken, sie rot sahen. Als sie mich dann antrafen, sagten sie, ich solle den Bahnhof verlassen. Aber ich blieb stur. Nach nochmaliger Aufforderung schliffen sie mich zur Wache. Ich handelte mir eine Anzeige wegen Beleidigung, Widerstand gegen die Staatsgewalt und Körperverletzung ein. Daraufhin schluckte ich 60 oder 70 Tabletten und fand mich in der Medizinischen Hochschule wieder. Ich lag auf der Intensivstation am Tropf.

Nach ein paar Tagen nahm ich wieder meine Arbeit auf. Als es nicht so richtig klappte auf der Arbeit, machte ich freiwillig eine Tablettenentziehungskur in Berlin.

Nach der zweiten Kur suchte ich mir wieder einen neuen Arbeitsplatz, den ich auch diesmal auf Anhieb bekam. Ich kam dann wieder vor Gericht und mußte um meine Bewährung bangen, denn noch waren die drei Jahre nicht herum. Ich hatte Glück, denn der Prozeß wegen Beleidigung, Widerstand gegen die Staatsgewalt und Körperverletzung wurde eingestellt, da ich freiwillig eine Entziehungskur gemacht hatte.

Auch nach der zweiten Kur und dem neuen Arbeitsplatz fing ich nach ein paar Wochen wieder mit Alkohol und

Tabletten an. Ich baute körperlich und seelisch so weit ab, daß ich eines Nachts in meinem Zimmer Feuer legte, um mich selbst zu verbrennen. Durch den Gestank wurden einige Mitbewohner des Wohnheims aufmerksam. Der Hausmeister rief die Bullen, und ich landete wieder in der Nervenklinik. Mein Zimmer wurde mir gekündigt, und ich bekam eine Zwangseinweisung in die Psychiatrie.

Nach vier Wochen Dahinvegetieren wurde ich zwei Wochen eher entlassen, weil ich mit meinen Aggressionen die ganze Station durcheinanderbrachte. Einen Tag vor meiner Entlassung wurde ich noch an Händen und Füßen ans Bett fixiert. Dann bekam ich eine Beruhigungsspritze und zu guter Letzt spannten die Schweine noch ein Laken über meine Brust, damit ich mich nicht aufrichten konnte.

Der Leiter vom Blaukreuz holte mich aus der Klinik ab, und überglücklich fuhr ich mit ihm nach Hannover. Da ich kein Zimmer mehr hatte, brachte er mich zum ‹Haus Zuflucht› (Obdachlosenheim für Frauen). Meine Arbeitsstelle hatte ich noch, so daß ich am nächsten Tag gleich wieder anfangen konnte zu arbeiten. Nach ein paar Tagen hatte ich auch wieder ein Zimmer gefunden, und es lief abermals eine Zeitlang sehr gut.

Dann lernte ich einen Arbeitskollegen kennen, der zu mir aufs Zimmer zog. Leider war er ein Säufer, und so fing ich auch wieder an zu trinken. Wir zogen zusammen los auf Sauftouren und machten im angeheiterten Zustand viel Scheiße, z. B. Rauchen in der Straßenbahn, Schwarzfahren, Notbremse ziehen usw. Die Ordnungsstrafen kamen am laufenden Band. Fast jede Nacht mußten mich die Bullen besoffen aufgreifen und in die Ausnüchterungszelle stecken. Ich wurde dann von ihnen so zusammengeschlagen, daß ich tagelang nicht zur Arbeit gehen konnte und mit einer Sonnenbrille herumlaufen mußte.

Es ist auch des öfteren vorgekommen, daß man mich in Fuß- und Handschellen gelegt hat, mich dann auf den Bauch schmiß und eine Zwischenkette mit Fuß- und Handfesseln verband. Ich habe dann stundenlang mit meinem Kopf auf den Boden geschlagen, um ins Koma zu fallen, weil ich die Qual und den Schmerz nicht länger

ertragen konnte. Trotz der Quälerei, die die Bullen mir
angetan haben – Antialkoholikerin bin ich dadurch nicht
geworden!
Ich trank nur noch mehr und schluckte auch wieder Tabletten. Meine Arbeitsstelle wurde mir gekündigt, dann
lief mir der Freund davon und zum guten Schluß verlor
ich auch noch mein Zimmer.
Immer häufiger wurde ich von den Bullen besoffen und
verwahrlost aufgegriffen, so daß das Gesundheitsamt
eingeschaltet wurde und ich abermals mit Gerichtsbeschluß eingeliefert wurde. Nach den sechs Wochen
Zwangseinweisung blieb ich freiwillig noch ein halbes
Jahr. Leider fing ich kurz vor (!) meiner Entlassung wieder mit Tabletten an, da ich an schweren Depressionen
litt. Ich hatte den Arzt darauf angesprochen, aber er reagierte nicht, so daß ich mir eben selber half. Ich besorgte
mir Tabletten aus der Apotheke. So wurde ich noch während meiner Entziehungskur wieder tablettensüchtig.
Mein Magen mußte ausgepumpt werden. Einen Tag später ließ ich mich gegen ärztlichen Rat entlassen. Ich
wollte auf eigene Faust von den Pillen runterkommen.
Einen Tag schaffte ich es mit Müh und Not. Ich lief ziellos
durch die Stadt, heulte und zitterte. Am nächsten Tag
ging es nicht mehr. Ich griff wieder zu den Pillen.
Vierzehn Tage nach meiner Selbstentlassung kam ich
wieder mit Gerichtsbeschluß in die Psychiatrie, und auch
diesmal blieb ich freiwillig ein halbes Jahr länger. 1976
wurde ich entlassen. Ich hatte den Vorsatz gefaßt, nie
wieder Tabletten, denn ich hatte begriffen, daß ich tablettenabhängig bin. Daß ich auch alkoholabhängig bin,
wollte ich immer noch nicht wahrhaben und habe gleich
nach meiner Entlassung wieder mit Alkohol angefangen.
Aber in Maßen.
Ich ging wieder auf Arbeitssuche – und wie sollte es auch
anders sein, ich bekam gleich bei der ersten Vorstellung
eine Stelle. Diesmal sogar im öffentlichen Dienst, und
zwar bei der Bundeswehr.
Ich weiß auch nicht, wie es kommt, aber auf der Suche
nach einem Arbeitsplatz hatte ich immer Glück.
Anfang November 1976 habe ich dann beim Bund angefangen zu arbeiten. 1977 habe ich dann meine Dienst-
wohnung bekommen. Habe einen Kredit aufgenommen

und mir von dem Geld die Wohnung eingerichtet. Ich
war sehr stolz, daß ich nach all den Jahren – und wo ich
mich doch schon aufgegeben hatte – doch noch etwas
Positives erreicht habe.
Geheiratet habe ich auch in der Zwischenzeit, aber wir
lebten weiterhin getrennt.»

(Karin heiratete einen Ceylonesen und bewahrte ihn damit vor der
Ausweisung. Die Ehe wurde nie vollzogen. Geld hat sie dafür jedoch
auch nicht bekommen/genommen. Er sei ihr sympathisch gewesen,
erzählte sie später. Da wollte sie ihm helfen. Eigene Absichten hätten
dabei keine Rolle gespielt.)

«Leider war das Glück nicht von Dauer. Es war das rein-
ste ‹ehrenwerte Haus›, in dem ich meine Wohnung hatte.
Meine Freunde, die mich besuchten, wurden schon wegen ihres Aussehens als Terroristen tituliert. Und mein
Nachbar, ein Major, rief mich auf der Arbeitsstelle an,
um mich zu erinnern, daß ich diese Woche mit Treppen-
hausreinigung dran wäre. Auch sonst konnte ich keinen
Schritt machen, ohne daß es meine Mitbewohner wußten, und jeden Tag hatten die Scheißer etwas anderes zu
bemängeln, so daß ich wieder zu Alkohol und Tabletten
griff.
Ende 1977 hatte ich noch mal eine sechswöchige Entziehungskur gemacht wegen Alkohol und war danach sieben Wochen voll abstinent. Mit dem Alkohol und den
Tabletten wurde es dann Tag für Tag schlimmer. Ich kletterte auf Dächer, und die Feuerwehr mußte mich runter-
holen. Ich schnitt mir laufend die Pulsadern auf, und die
Ärzte flickten mich wieder zusammen.
Schließlich wurde ich in die Medizinische Hochschule auf
die psychiatrische Abteilung gebracht und war, nachdem
ich mit dem Arzt gesprochen hatte, bereit, etwas für
mich zu tun, da ich meine Arbeitsstelle nicht verlieren
wollte. Da mir meine Wohnung inzwischen gekündigt
war und ich mich auch damit abgefunden hatte, wollte
ich wenigstens sehen, daß mir die Arbeit beim Bund erhalten bliebe. Leider war aber nichts mehr zu retten,
denn mein Chef suchte mich im Krankenhaus auf und
brachte mir die Kündigung. Ich schwor mir: ‹Nie wieder
Therapie, nie wieder Arbeit, nur noch saufen und Tabletten fressen. Ich will nicht mehr. Ich habe endgültig

kapituliert.› Ich ließ mich noch am selben Tag aus der
Klinik entlassen.

Ich trieb mich von nun an nur noch in der Passerelle
herum, fand schnell Anschluß an die Stadtstreicher und
schluckte das Bier und den Schnaps, wie es gerade kam.
Abends fuhr ich dann total besoffen zu meiner gekündig-
ten Wohnung (ich hatte noch Zugang zu ihr, da die Kün-
digungsfrist noch nicht abgelaufen war) und schlief meinen Rausch aus. Und jeden Morgen fuhr ich wieder in
die Passerelle zu meinen neuen Freunden, den Stadtstreichern.»

Das ist sechs Jahre her.

Von diesem Zeitpunkt an lief Karins Leben nur noch zwischen
Straße, Strafvollzugsanstalten und der Psychiatrie ab. Sie ist Pennerin, Alkoholikerin, Tablettensüchtige, Kriminelle, Sozialhilfeemp-
fängerin, Nichtseßhafte, Obdachlose, Selbstmordgefährdete.

Sie ist ein Mensch, der immer wieder versuchte, Boden unter die
Füße zu kriegen. Und sie ist ein Mensch, der sich selbst diesen Boden
immer wieder unter den Füßen wegzog – oder aber es den anderen
leichtmachte, diese Funktion im Namen des Volkes für sie zu übernehmen.

# VI. Eingesperrt, fixiert und ruhiggestellt – Psychiatrie

Nach der ersten schlechten Erfahrung mit der Psychiatrie, die ihr nicht helfen will oder kann, hat Karin in den nächsten Jahren immer wieder mit dieser Institution zu tun. Trotz aller Enttäuschungen hat sie immer noch die verzweifelte Hoffnung, daß ihr irgendwer helfen könnte.

Eines Tages – Karin «lebt» noch auf dem Bahnhof und schläft gelegentlich in unserem Mädchenheim – schreibt sie an mich einen Brief, den ich morgens bei Dienstantritt auf dem Schreibtisch vorfinde: «Bitte verzeihen sie mir, wenn ich doch andere Wege gehe. Ich bin vollkommen fertig. Bitte suchen sie mich nicht, es hat keinen Zweck mehr. Ich werde so langsam zugrunde gehen. Vielleicht, wenn ich es ganz satt habe, werde ich Tabletten nehmen. Mein Leben war sinnlos. Es kann nicht mehr so weitergehen. Vielen Dank für alles . . .» (siehe S. 67)

Am Nachmittag desselben Tages ruft der Nervenarzt Dr. Th. mich an. Karin wurde gerade von zwei jungen Männern in seine Praxis gebracht. Sie hat eine Überdosis Beruhigungsmittel genommen (die von ihm verschriebenen), und er weist sie jetzt ins nächste Krankenhaus ein.

Ich telefoniere herum: das Krankenhaus will Karin nicht behalten. Es sei kein Bett frei. Sie könne ohnehin nur auf einer Liege ruhen und überhaupt . . . Am nächsten Morgen würde man sie dem Gesundheitsamt vorstellen und damit habe es sich!

Herr Dr. B. – Lebenszeitbeamter im staatlichen Gesundheitswesen – sieht sich Karin kurz an. Und danach weiß er gleich Bescheid: die Patientin leide unter einem «angeborenen Charakterfehler», der «nicht zu reparieren» sei. Eine Psychotherapie sei «nicht nötig», da sie sich sowieso nicht ändern würde! Wie sich die Bilder gleichen!

Ich frage Dr. B. nach einer Langzeittherapie in Tiefenbrunn. Dort sei kein Platz für sie, meint er und läßt offen, ob er sich damit auf seine Diagnose oder auf den Bettenmangel in dieser gutbeleumdeten Institution beruft.

Als ich ihn hilflos frage, was *ich* denn nun tun könne, um Karin zu helfen, immerhin sei das schon ihr zweiter Selbstmordversuch, meint er gelassen, da müsse man nur abwarten, irgendwann würde es «schon mal klappen». Damit bin ich entlassen – mitsamt Klientin. Ich nehme Karin mit und verfrachte sie zum Ausschlafen mit einem Becher Milch ins Bett.

Karins Leben geht weiter – sie arbeitet, sie «fällt auf», gelegentlich handelt sie sich eine Anzeige ein. Langsam hat sie das «Gammeln» satt – tagsüber arbeitet sie und spätabends führt sie das selbstgewählte Gammlerleben! Beides miteinander zu verbinden ist strapaziös. Nur mit Limbatril und anderen ärztlich verordneten Medikamenten starken Kalibers besteht sie ihren Alltag. Als sie dann eines Tages in der *Bild*-Zeitung von dem Prozeß gegen ihre ehemalige Heimleiterin liest, bekommt sie «unbändige Rache- und Haßgefühle» dieser Frau gegenüber. Sie ruft sie nachts an, bedroht sie und steigert sich vollends in diese Gefühle hinein – Gefühle, über die sie offiziell nirgends sprechen, die sie auch nur in einer Psychotherapie ausagieren und verarbeiten könnte.

Sie geht wieder zu Dr. Th. in Behandlung – was nichts anderes bedeutet, als daß sie ihm in ein paar Minuten andeuten kann, wie schlecht es ihr geht, um dann mit einem Rezept wieder seine Praxis zu verlassen. Inzwischen bezeichnete auch Dr. Th. sie als «hoffnungslosen Fall – sowohl pädagogisch als auch medizinisch». Welche pädagogisch-therapeutischen Wunderwerke er sich wohl von drei Limbatril täglich versprochen hatte?

Als Karin aus Gründen der Rationalität zunehmend von Beruhigungsmitteln auf Alkohol umsteigt, gibt Dr. Th. ihr den Tip, sich an die neu eingerichtete sozialpsychiatrische Beratungsstelle des Gesundheitsamtes zu wenden.

Über diese Stelle kommt Karin zu ihrer ersten Alkohol-Entziehungskur: sechs Wochen freiwillig. Wenige Monate später die zweite: vier Wochen freiwillig. Zweimal Zwangseinweisungen mit anschließendem freiwilligem Verbleib über jeweils ein halbes Jahr. Nach jeder Kur gelingt es Karin mehrere Wochen bis Monate «trocken» zu bleiben. Da sie sich im gleichen Milieu wie zuvor bewegt, da ihre Probleme nicht annähernd gelöst sind, da insbesondere ihre Aggressivität und als Umkehr ihre Autoaggressivität um keinen Deut weniger geworden ist, sind diese wenigen Wochen schon ein ganz erheblicher Erfolg! Jedenfalls in Karins Augen, die ja täglich und stündlich mit der Verführung Alkohol zu kämpfen hat. Für den Suchttherapeuten, das einweisende Gericht, die ambulant arbeitenden Alkoholiker-Organisationen jedoch ist dieser Zeitraum so gut wie nichts! Ein paar Jahre, besser noch lebenslange Trockenheit sollten das Ergebnis sein, nicht stolze sieben Wochen!

Fünf Jahre nach der ersten befindet sich Karin 1977 mehr oder weniger freiwillig wieder einmal in einer Alkoholiker-Therapie. Es ist die fünfte. Seit sechs Wochen ist sie in der städtischen Nervenklinik. Sie hat Angst vor einer Entlassung. Wieder möchte sie bleiben, aber man will sie nicht behalten. Sie spürt es und bekommt es bestätigt, als der Entlassungstermin um einige Wochen vorverlegt wird.

Karin hat Angst vor der Zukunft. Sie hat Angst, daß nichts mehr geschehen wird. Sie hat das Gefühl, «alles bleibt stehen» und «es gibt keinen Fortschritt mehr». Sie leidet stark unter Depressionen. Von Arzt und Therapiegruppe fühlt sie sich mißverstanden. Ihre Ängste kann sie in der Gruppe nicht äußern – sie hat es noch nie gekonnt. Sie hat das Gefühl, von der Gruppe abgelehnt zu werden.

Tatsächlich soll sie zwei Tage später – noch eher als inzwischen geplant – entlassen werden. Der «Ausschluß aus der Gruppe» sei ein «Gruppenbeschluß» teilt der Arzt mit. Karin lasse es an aktiver Mitarbeit fehlen. Sie zeige keine Ansätze zur Einsicht. Außerdem sei sie trotzig und würde alle Schuld auf die Gesellschaft schieben.

So wird sie entlassen – gegen ihren Widerstand. Sie hat doch wieder soviel erhofft – und wieder hat sie den Ansprüchen nicht genügen können. Nun hat sogar eine Gruppe Gleichbetroffener sie abgelehnt, abgewiesen, hinausgeschmissen. Wenn Karin endlich gruppenfähig sei, könne sie wieder einer therapeutischen Gruppe zugeteilt werden, wird ihr mitgeteilt. Bis dahin könne sie an jedem Freitag nachmittag für eine Stunde in die 20 km entfernte Nervenklinik zu einem Einzelgespräch kommen.

Zwei Monate lang hält Karin durch. Nach mehrfachen spektakulären und aufsehenerregenden Selbstmordankündigungen (sie steigt auf hohe Gebäude und droht vor versammelter Zuhörerschaft, sich hinunterzustürzen) wird Karin wieder zwangseingewiesen für «mindestens sechs Wochen». Sie soll – so die Auflage – sich in dieser Zeit zu einem weiteren Antrag auf eine Entziehungskur durchringen, denn dieser muß «freiwillig» gestellt sein. Daß sie kurz zuvor, als sie «freiwillig» kuren wollte, hinauskomplimentiert wurde, scheint niemanden zu kümmern. Nun soll mit Zwang das erreicht werden, was man gegen den Willen der Patientin gerade abgebrochen hat.

Karin will raus – sie fühlt sich eingesperrt. Es geschieht mit ihr nichts weiter, als daß sie sich besinnen soll auf ihren Antrag. Als ein Termin zwischen Klinik und Gericht anberaumt wird, um den Gerichtsbeschluß vorzeitig aufheben zu lassen, ist Karin verzweifelt. Man «will» sie wieder nicht – und wieder ist nichts passiert!

Offenbar versteht niemand der Verantwortlichen den Widerspruch, den anscheinend nur die Patientin zeigt: ist sie zwangsweise drinnen, will sie raus, soll aber nicht. Soll sie dann plötzlich raus (ohne daß sich für sie inzwischen etwas geändert hat!) ist sie verzweifelt.

Der Termin findet statt, auf Wunsch von Karin «darf» die Zwangseinweisung andauern. Trotz «Zwang» und «Gefährdung» bekommt sie wenige Tage später an zwei hintereinanderfolgenden Tagen Stadtausgang – jeweils an den Nachmittagen. Den ersten Ausgang schafft sie unangefochten. Am zweiten kann sie jedoch auf dem Flohmarkt «günstig» Tabletten erstehen («Ich konnte dem Angebot nicht widerstehen, sonst kosten zwanzig Valium zwischen 20 und 30 Mark, und ich habe sie für 10 DM angeboten bekommen!»). Als ein Freund sich kurz darauf am Telefon verleugnen läßt, schluckt sie einen Großteil der Tabletten und spült mit Alkohol nach.

Das ist endlich das erwünschte Signal: der Stationsarzt ruft umgehend das Gericht an und läßt den Einweisungsbeschluß aufheben. Zwei Tage später – gerade wieder entgiftet und nüchtern und kreislaufstabilisiert – wird Karin aus der Klinik entlassen. Gegen ihren Willen. Sie bemüht sich daraufhin umgehend, in der zuständigen Suchtklinik aufgenommen zu werden. Sie bittet telefonisch um Aufnahme. Aber ihr wird beschieden, daß das «so einfach» nun auch wieder nicht sei!

Gedrängt auf 30 Aktenseiten gelesen mutet dieses Rein und Raus wie ein Versteckspiel im Kindergarten an. Ein tragisches allerdings, denn für Karin hat es Konsequenzen. Sie will «draußen» leben. Dafür taugt sie aber in den Augen medizinischer und juristischer Ordnungshüter nicht. Also wird sie zwangseingewiesen. Unter Zwang kann sie kaum leben (wer kann das schon?!), aber an jede Institution hat sie Erwartungen. Sie hofft, man möge ihr helfen. Irgendwie. Vielleicht geschieht ja auch ein Wunder – schließlich umgeben sich die Psychiater gerne mit dieser Aura. Aber es geschieht nichts, außer daß schon wieder Anforderungen an sie gestellt werden, die sie nicht erfüllen *kann*. Nun merkt auch die Institution, daß alles nicht so recht läuft – sie merkt es jedes Jahr ein paarmal und erwartet auch gar nichts anderes. So wird die Zwangsmaßnahme wieder aufgehoben – vorzeitig. Für Karin bedeutet das nicht nur die ersehnte Freiheit – es bedeutet gleichzeitig, ein Stück näher an der Hoffnungslosigkeit zu sein. Auch hier können sie mir nicht helfen. Wie soll es weitergehen? Habe ich denn überhaupt keine Zukunft mehr? Ich möchte doch bleiben, und ich möchte, daß ihr etwas für mich tut! Aber es ist «zu spät», der Beschluß wird aufgehoben – genau zu dem Zeitpunkt, als die Patientin den Schutz und die Behandlung am nötigsten gehabt hätte –, als sie nämlich «rückfällig» geworden ist. Und plötzlich ist es auch gar nicht mehr so einfach, die Entziehungskur zu machen, zu der sie sich wochenlang entschließen sollte, aber nicht konnte. Brauchte der Zwang nur einen Namen?

Seltsam mutet die Inkonsequenz an: sind Alkoholiker *krank* oder sind sie *schuldig*? Alkoholismus als Krankheit verstehen zu wollen – dafür kämpfen seit Jahren alle an dieser Personengruppe Beteiligten. Zeigt der Kranke aber seine Krankheitssymptome, wird er dafür bestraft; wird er gar rückfällig, wird die Therapie abgebrochen! Eine seltsame Auffassung von Krankheitsgeschehen. Oder spiegelt sich hier nur die Hilflosigkeit der «Therapeuten» wider, die sich sonst hinter dem Rücken mächtiger Institutionen verbergen läßt?

Natürlich hätte Karin die Tabletten nicht kaufen, nicht einnehmen dürfen – schon gar nicht mit Alkohol! Wenn sie dieser Verführung jedoch widerstehen könnte, wenn sie sich selber steuern könnte, wäre sie nicht alkohol*krank*.

Natürlich ist die Psychiatrie mit solchen Menschen überfordert. Der Strafvollzug ist es ebenso. Aber warum wird dann ein Image der Allzuständigkeit aufrechterhalten, ein Anspruch, alles in den Griff zu bekommen, für alles die passenden Mittelchen zu haben? Warum muß es dann der Patient, der Gefangene sein, der versagt? Warum werden hier nicht die Grenzen professioneller Hilfsmöglichkeiten zugegeben?! Da werden besondere Formen von «Demokratie» bemüht, um einen Störenfried aus dem System zu entfernen: da entscheidet nicht der Arzt, wer geht und wer bleibt, sondern da wird das (kranke!) Gruppenkollektiv bemüht, den Stab über einen Mitpatienten zu brechen. Demokratie oder feiges Verstecken des Therapeuten hinter Abhängigen, die die Konsequenzen ihres Tuns kaum abschätzen können? (Oder können sie es und handeln somit im Auftrag des Arztes schuldhaft?)

Karins Therapeuten haben ganz offenbar über Jahre zwei wesentliche Fehler gemacht. Sie gingen von einer Einsicht aus, die gar nicht vorhanden ist, und sie gingen von der erforderlichen Gruppenfähigkeit aus, die Karin nie erlangt hat. Sie haben also nicht da «angefangen, wo der Patient steht», sondern wollten der Patientin den beschränkten Möglichkeiten ihres institutionalisierten Tuns anpassen, ohne die Voraussetzungen vorher zu schaffen. Daß das scheitern mußte, hätten sie an den vielen hundert Aktenseiten ablesen können, die über Karin bereits existieren. Aber aus denen haben sie nur abgelesen, daß es sich um einen hoffnungslosen Fall handelt, bei dem ohnehin nichts mehr zu machen ist.

«Das Unvermögen des Arztes, das könnte es ja vielleicht auch unter Psychiatern geben, wird nie als Faktor in Betracht gezogen. Auch hier nimmt die Psychiatrie innerhalb der Medizin eine Sonderstellung ein: Beispielsweise wechselt der Allgemeinmediziner eine Behandlungsmethode, wenn er merkt, daß die geübte Behandlung nicht zur Heilung führt ...
Genauso wird dem Patienten gesagt, er müsse kooperieren. Gelingt die Kooperation nicht, liegt es am Patienten ... Daß es am Arzt liegen könnte, ist außer Sichtweite, wird nicht gesehen. Der Kranke trägt zu seinem Leiden auch noch die Schuld» (Klee 1981).

«Der Patient ist gezwungen, sein Sozialverhalten anstaltsspezifisch auszurichten. Er muß sich an den Interessen der Verwaltung, der Definitionskriterien der Ärzte, der Arbeitszeit und der Arbeitsproblematik der Pfleger orientieren, um sich zurechtzufinden und im sozialen Sinne zu überleben. Ohne eigene Eingriffsmöglichkeiten ist der Insasse der Macht der Behandler ausgesetzt. Er hat keine faktisch wirksame dritte Instanz zwischen sich und denen, die ihn verwalten und behandeln. Er wird verlegt, sediert und Mängeln ausgesetzt, die als ‹therapeutisch› unanfechtbar sind. Interaktionen in der klassischen Psychiatrie sind sternförmig auf das Personal bezogen. Das Personal weiß, was den Patienten fehlt und gut tut, der Patient weiß nichts. Der einzelne Insasse ist einzelner Kranker, um dessen Wohl man sich schon kümmert. Von den Mitinsassen hat er nichts zu erwarten. Und wehe, er zweifelt an der Heilungsfähigkeit des Personals: um so kränker muß er sein. Der Insasse muß sich an der Anstalt bewähren» (Finzen 1976)*.

Es vergehen ein paar Jahre, bis Karin den nächsten Kontakt mit der Psychiatrie hat – sie wird aus der Strafanstalt dorthin verlegt. Im Knast kann man nichts mehr mit ihr anfangen. Die letzte «Strafe» soll sie im Fachkrankenhaus für Alkoholiker absitzen, aber bis dort ein Zimmer frei ist, schiebt der Strafvollzug sie erst mal in ein Landeskrankenhaus ab. Dort sitzt sie herum – Wochen, Monate. Sie ist nicht Gefangene und nicht Patientin, sie sitzt auf der Wartebank, und wieder passiert über lange Zeit nichts, außer daß Karin «bewahrt» wird.

Über diese Zeit hat sie Tagebuch geführt:

## Tagebuch Karin

Eingesperrt seit dem 3. August 1982.
So war es und wird es ewig sein: Wer die Freiheit liebt, den sperrt man ein. Seit Donnerstag, den 17. 2. 1983 befinde ich mich auf Grund des Urteils vom 14. 12. 82, Amtsgericht Hannover, im Landeskrankenhaus Hildesheim.
Z. Z. hänge ich in einer geschlossenen Aufnahmestation für Psychokranke. Zigaretten bekomme ich ab 8 Uhr, jeweils eine Stunde – eine Zigarette. Ab 22 Uhr ist Schluß mit Qualmen. Bohnenkaffee gibt es zum Frühstück und zum Nachmittag gegen 14 Uhr. Heute morgen wurde mir Tabak und Feuerzeug abgenommen, nun hört das heimliche Rauchen endgültig auf.

* Der das schrieb, ist Psychiater und leitet eine große Psychiatrische Anstalt – er muß es eigentlich wissen!

Wie gut hatte ich es in der JVA Vechta, da ließ man mir wenigstens die Genußmittel.

Hildesheim, den 21. 2. 83

Heute morgen gab es erst um 8 Uhr 15 Kaffee; anschließend eine Zigarette. Bin bald wahnsinnig geworden. Bin z. Z. voller Haß und Aggressionen. Möchte am liebsten mich besaufen. Das hier ist keine Therapie, sondern seelische Grausamkeit. Warte immer noch, daß ich auf eine andere Station verlegt werde. Könnte heulen vor Wut, vegetiere hier auf der Station nur dahin. Den ganzen Tag essen, schlafen, rauchen, essen, schlafen ... und die Patienten beobachten.

Eine Patientin labert nur von Moskau, russische Offiziere, eine andere meint, Herbert Wehner sei ihr Onkel. Die dritte Patientin wirkt nur normal, wenn ihr Mann sie besucht. Sie muß leider von ihrem eigenen Mann belogen werden, wenn er sie wieder allein lassen muß. Gestern sagte er seiner Frau, daß er auf die Toilette geht und gleich wieder kommt. Nun, statt auf die Toilette zu gehen, ist er nach Hause gefahren, und die Frau heult und schreit laufend nach ihrem Mann. Hoffentlich nimmt er sie morgen mit nach Hause, denn hier in der Psychiatrie kann sie nicht gesund werden.

Andere Patienten werden mit dem Teufelszeug Halldol vollgepinnt, bekommen Krämpfe, werden fixiert, laufen apathisch durch die Station, die Spucke läuft aus dem Mund.

Hildesheim, den 22. 2. 83

Gegen 4 Uhr 30 wurde ich durch Schreie einer Patientin geweckt, konnte trotzdem wieder einpennen und bin um 7 Uhr 30 aufgestanden, da es um 8 Uhr Frühstück gab. Was mich heute schon wieder nervte, war die Vorschrift, wieviel Kaffee ich zu trinken habe. An die Bettelei nach einer Zigarette habe ich mich mittlerweile schon gewöhnt. Die Krankenschwestern kapieren es nicht, daß ich nicht wie ein kleines Kind behandelt werden möchte. Was ich noch so beobachten muß, die Fenster werden von einer Krankenschwester automatisch geöffnet, d. h. Mitspracherecht an frischer Luft hat man nicht. Die Schwester bestimmt, ob es in dem Saal zu warm ist oder ob es stinkt. Der Innenhof darf auch nur auf Anordnung einer Schwester benutzt werden. Das bißchen Freiheit, was ich noch in der JVA Vechta hatte, ist mir nun in einer Aufnahmestation des Landeskrankenhauses ganz genommen. Bei so einer Behandlung werde ich ganz gewiß nicht vom Alkohol loskommen. Ich will es dann auch nicht.

Hildesheim, 23. 2. 83

Bin heute morgen schon um 6 Uhr 45 voller Haß und Aggressionen. Ich weiß nur eins, wenn ich entlassen werde, dann gibt es nur eins, *saufen, saufen* und nochmals *saufen*.

Hildesheim, den 24. 2. 83

Meinen ersten lautstarken Krach habe ich hinter mir. Ein Pfleger von Station eins meinte zu mir, Leute, die aus dem Knast kommen, haben hier nichts zu melden, sondern nur das Maul zu halten. Habe mich gleich bei der Ärztin beschwert. Woher weiß eigentlich dieser Pfleger, daß ich aus dem Knast komme? Sehr wahrscheinlich konnten einige Stationsschwestern nicht die Schnauze halten! Heute gab es erst 8.15 Uhr die erste Zigarette, aber seit 7 Uhr bin ich schon auf. Das Warten auf Kaffee und Kippen macht mich sehr nervös, dann flippe ich aus.

Hildesheim, den 26. 2. 83

Habe gestern festgestellt, daß hier alle Patienten geduzt werden. Gestern abend habe ich mich geweigert, mich vor einem Pfleger, der auf unserer Station nichts zu suchen hatte, auszuziehen.

Hildesheim, den 1. 3. 83

Alles Scheiße. Gestern besuchte mich mein Ehemann. Erst wurde er von dem Dr. Müller (er behandelt mich wie Dreck, nur weil ich aus dem Knast komme) weggeschickt. Nach einer halben Stunde Debatte war Dr. Müller so gütig und ließ mich mit meinem Mann zehn Min. sprechen, allerdings durfte ich ihn nicht berühren noch die Hand geben.
Heute bei der Visite lehnte dieser Idiot Müller ab, daß ich telefonieren darf. Nach kurzer Debatte darf ich heute

abend kurz per Telefon mit Frau Swientek sprechen, aber nur den Satz, daß sie mich ohne Besucherschein nicht besuchen kann.

Hildesheim, den 4. 3. 83

Seit Dienstag, den 1. 3. fresse ich soviel wie nichts. Bekomme nichts mehr herunter. Liegt wohl daran, daß Dr. Müller mit mir Psychoterror betreibt, mit dem ich nicht fertig werde. Meine Post, die ich abgeben muß, läßt er zwei bis drei Tage im Schwesternzimmer liegen, ehe er sich einmal bequemt, meine Briefe zu kontrollieren. Nicht, daß Dr. Müller keine Zeit hat, aber er schikaniert mich, wo es nur geht. Nun werde ich erst mal abwarten, was der Tag heute noch so hergibt. Es ist jetzt 9 Uhr 15 und gleich Visite, die ich aber nicht mitmache, da das Schwein Müller mich sowieso nur anmotzt. Gott sei es gedankt, daß er nur noch heute auf dieser Station ist, vielleicht geht es mir dann seelisch besser.

Hildesheim, den 17. 3. 83

Heute bin ich nun schon vier Wochen im LKA Hildesheim, und es gibt immer noch keine Aussicht auf eine Verlegung nach Bad Rehburg. Die Nacht von Mittwoch auf Donnerstag war erschreckend, denn man brachte eine ältere Frau, die unter Alkohol stand. Sie schrie sämtliche Patienten aus dem Schlaf. Natürlich wurde die Besoffene von den Bullen gebracht. Da waren wohl schon die Ausnüchterungszellen überbelegt. Habe natürlich vor Aufregung drei Zigaretten die Nacht geraucht und die Bullen beschimpft. Gestern war noch die Sozialarbeiterin bei mir, und es stellte sich heraus, daß ich nicht vom Sozialamt bezahlt werde, sondern von der JVA. D. h., daß ich, wenn ich keine Arbeit bekomme, von 35 DM im Monat leben muß. Davon kann ich leider nicht leben und auch nicht sterben. Ich bin nur froh, daß ich liebe Bekannte habe, die mich zwischendurch mit Tabak und Kaffee versorgen.

Hildesheim, den 23. 3. 83

Seit drei Tagen habe ich schon keine frische Luft mehr bekommen und nur wegen einem Idioten von der Männerstation, der über das Dach abhauen wollte. Man unterstellt mir, daß ich mich mit dem Typen über Fluchtmöglichkeiten unterhalten habe, dabei kannte ich diesen Patienten gar nicht, aber wer glaubt schon einem Knastologen. Bei der Visite beschwerte ich mich beim Oberarzt und erklärte ihm, daß ich nach dem Gesetz eine Stunde frische Luft schnappen kann. Er meinte nur ironisch, daß dieses Gesetz nur für den Knast gilt.

Hildesheim, den 27. 3. 83

Am Freitag bin ich total ausgeflippt und habe mir die Pulsadern aufgeschnitten. Es ist aber alles noch gutgegangen. Die Schwestern haben mich gleich verbunden. Nun kann ich auch des öfteren an die frische Luft, ich sag's ja immer, wenn mit Sanftmut nichts geht, dann eben mit Terror. Gerade hat bzw. wollte mich Carl Richard Würger mit Frau und Kind besuchen, leider wurden sie abgewiesen. Dafür durfte ich ihn per Telefon sprechen, was mich ruhiger machte. Wenn das so weiter geht, daß meine Besucher abgewiesen werden, drehe ich hier noch durch. Es lebe die Anarchie!

Hildesheim, den 1. 4. 83

Gestern den 31. 3. habe ich nun endlich mit dem Chefarzt Dr. Ritzel bzw. er hat mit mir gesprochen. Warum er mich so lange hängen ließ, steht in den Sternen. Nun, nach dem Gespräch darf ich begrenzten Besuch und Telefongespräche empfangen, auch darf ich wieder an die frische Luft und auch mit den Männern sprechen, was mir bisher verweigert wurde.

Die Nacht von Dienstag auf Mittwoch war die schlimmste, ich war dermaßen unruhig, daß man mir eine Melleril geben mußte. Beate war auch sehr unruhig, so daß sie von drei Schwestern und einem Pfleger auf sehr brutale Weise fixiert wurde. Beate leidet an Magersucht, hat Konzentrationsbeschwerden, lacht und gleich die nächste Minute ist sie am Heulen. Sie wiegt nur 48 kg und eine 80 kg schwere Schwester saß auf Beate drauf. Ich war so wütend, daß ich auf die Toilette ging und eine Zigarette rauchte. Bin natürlich erwischt worden und mußte die Streichhölzer abgeben, das rote Feuerzeug habe ich dann auch noch freiwillig abgegeben. Bei der Visite wurde mir dann von der Ärztin die Erlaubnis gegeben, daß ich schon vor dem Frühstück eine Zigarette rauchen darf.

Interview mit **Karl-Richard Würger,**
**Redakteur der** *Neuen Hannoverschen Presse*

*Sie wollten Karin einmal in der Psychiatrie in Hildesheim besuchen,*
*Herr Würger. Karin hat das in ihrem Tagebuch erwähnt. Sie hat*
*damals im Aufenthaltsraum gesessen und hat gehört, daß jemand an*
*der Tür ist, der sie besuchen wollte und hat dann mitbekommen,*
*daß Sie nicht rein dürfen. Sie hat dann einen furchtbaren Tobsuchts-*
*anfall gekriegt, hat laut geschrien, getobt, man mußte sie mit Hand-*
*fesseln oder mit Medikamenten beruhigen, glaube ich. Wie hat sich*
*dieser Besuch von Ihrer Seite aus dargestellt?*
Würger: Ich habe zweimal versucht, Karin in der Psychiatrie in
Hildesheim zu besuchen. Grundlage dafür ist Karins ungewöhnli-
ches Interesse an meiner damals gerade geborenen Tochter gewesen. Karin hat Bilder gemalt, Karin hat Puppen gebastelt. Karin
hat immer wieder um Fotos angefragt. Ich wohne in unmittelbarer
Nähe von Hildesheim und hatte mich dann entschlossen, zusammen mit meiner Frau und mit meinem damals zwei oder drei Monate alten Mädchen in das Landeskrankenhaus nach Hildesheim
zu fahren. Ich hatte zuvor bei den Stationsärzten angerufen und
man war außerordentlich zögernd, aber hat dann erklärt, wenn Sie
am Sonntag nachmittag kommen, dann wird das sicherlich möglich
sein.
Ich war in einem Sicherheitstrakt – das ist sicher nicht das richtige
Wort dafür – vor diesem Sicherheitstrakt war jedenfalls eine Stahltür. In der Mitte dieser Stahltür eine kleine Einlassung, ein Fenster, das von innen geöffnet werden konnte. Nachdem ich geklin-
gelt hatte, wurde es geöffnet. Die Krankenschwester hat also eine
stramme deutsche Familie vor der Tür gesehen, Vater mit dem
Säugling auf dem Arm und Mutter auch dabei und machte wohl
auf Grund dieses friedfertigen Bildes die Tür auf, um uns einzulas-
sen. Nachdem wir gesagt haben, wir wollen Frau P. besuchen,
drängte sie uns wieder raus und sagte, das ist nicht möglich, das
geht ohne Genehmigung nicht. Ich machte den Hinweis, daß ich
mit den Ärzten gesprochen hatte. Ihr war dieses Gespräch nicht
bekannt und sie drängte uns raus. Und während wir an der Tür

noch miteinander verhandelt haben, hatten Mitpatienten Karin P. offenbar darüber informiert, daß Besuch für sie da ist und ich hörte, wie Karin mit großer Eile und mit Gejuchze zur Tür laufen wollte. Zwischenzeitlich hatte die Schwester es geschafft, uns rauszudrücken, trotz Säuglings auf dem Arm, und die Tür wieder zu verschließen. Unmittelbar danach muß Karin P. die Tür erreicht haben. Sie trommelte wie besessen gegen diese Tür und schrie minutenlang: Da ist Besuch für mich, da ist Besuch für mich, wer ist da, laßt mich raus, ich will sehen, wer mich besucht! Man hat ihr das offenkundig nicht gesagt. Es gab Aufruhr auf der Station, die Mitpatienten haben auch gelärmt und es war offenbar ganz große Unruhe.

Wir verließen die Station, weil wir nichts mehr machen konnten. Frau P. war so betroffen, daß wir ihr Wehklagen und ihren Kummer und ihre Schreie noch außerhalb der Station und noch vor dem Krankenhaus hörten. Ich habe unmittelbar nach diesem Vorgang die Station angerufen und da hat man mir gesagt, Sie können mit Frau P. sprechen, aber im Moment ist das nicht möglich, wir müssen Frau P. erst beruhigen. Ich habe daraufhin etwa eine Stunde später noch einmal telefoniert und Karin auch an den Apparat bekommen. Karin stand ganz offenbar unter dem Einfluß starker Sedativa. Sie hatte eine ganz schleppende Sprechweise. Sie hat sich mit dem Konflikt, der außerordentlich dramatisch war, nicht mehr auseinandersetzen können. Sie wußte zwar, da ist irgendwas gewesen ... Sie wurde ihrer Auseinandersetzungsfähigkeit beraubt.

Wenige Wochen später habe ich noch mal versucht, sie in Hildesheim zu besuchen und hatte mich bei der Leitung des Krankenhauses informiert, welche Auflagen da zu erfüllen sind. Man hat mir gesagt, es ist machbar, Sie können dahingehen ohne besondere Auflagen, zumal Frau P. verlegt wird. Ich bin dann an einem Sonntagvormittag hingefahren und man hat mir gesagt, Sie kommen zu spät, Frau P. ist vor einer Viertelstunde verlegt worden.

Karin erzählte mir später, zu dem Zeitpunkt sei sie noch nicht verlegt gewesen – vor dem Mittagessen –, da sei sie noch auf der Station gewesen.

Das waren meine Erfahrungen mit der Psychiatrie in Hildesheim.

Nun brauche ich nicht mehr heimlich zu rauchen. Beate geht es schon wieder besser, sie kann unwahrscheinlich gut zeichnen, ein paar Seiten danach hat sie mir eine Zeichnung gemalt, worüber ich mich unwahrscheinlich gefreut habe.

Hildesheim, den 3. 4. 83

Gestern abend hatte ich mal wieder eine harte Debatte mit den Nachtschwestern und der Ärztin. Es ging um einen Spätfilm von 23 bis 0.45 Uhr, den ich sehr gern sehen wollte. Die Ärztin meinte, wenn mehrere Patienten sich den Film anschauen wollen, könne ich mir den Film anschauen, ansonsten hätte ich mich an die Stationsordnung zu halten und um 22 Uhr im Bett zu sein. Da die Patienten den ganzen Tag mit Tabletten vollgepumpt werden, waren sie natürlich abends müde und gingen alle zu Bett. Ich blieb hartnäckig, hängte eine Tür heraus, so daß die Nachtschwester den Fernseher nicht einschließen konnte. Leider vergebens, man holte die Stationsärztin, die Bereitschaftsdienst hatte, sie ordnete an, daß der Fernseher herausgetragen wird, was auch geschah mit Hilfe eines Pflegers. Ich bin der Meinung, daß die Ärztin sowie die Schwestern mich provozieren und schikanieren wollten.

Nun, vielleicht hätte ich die Fernsehtür nicht aushängen dürfen, aber was macht man nicht alles, wenn man etwas erreichen möchte. Ich muß akzeptieren, was die Schwestern machen und sagen, man verlangt es von mir. Wer akzeptiert mein Tun und Reden? Keiner! Entweder bekomme ich dumme Antworten oder Verbote. Ein freundliches Wort oder mal eine Anerkennung sind rar. Nun, wer akzeptiert schon eine Knastologin, Säuferin, Tablettenfresserin und Stadtstreicherin? Das Rauchen vor dem Frühstück ist von der Ärztin wieder eingestellt worden. Argument, nachher kommen alle anderen Patienten auch an und dies gäbe eine gewisse Unruhe. Ob die Stationsärztin das nicht schon vorher wußte?

Hildesheim, den 7. 5. 83

Am 24. 4. 83 gegen 17 Uhr bin ich total ausgeflippt und habe einen Unterteller gegen die Wand geschmissen und die Scherben mit den Händen zerdrückt. Durch diesen seit langem unterdrückten Aggressionsausbruch habe ich mir am rechten Mittelfinger die Sehne durchgeschnitten. Nach zweistündiger Operation habe ich nun meine Hand in Gips. Kann jetzt nur hoffen, daß mein Finger nicht krumm bleibt, ansonsten habe ich Pech gehabt, Hauptsache, ich kann wieder schreiben. Ob das vierblättrige Kleeblatt, was ich gestern gefunden habe, mir Glück bringt? Ich glaube nicht. Rudolf hat sich seit dem 30. 4. auch nicht mehr gemeldet, aber ich liebe ihn trotzdem noch. Diese Zeilen habe ich mit der linken Hand geschrieben. Muß jetzt aufhören zu schreiben, habe keine Kraft mehr.

Das ganze Leben ist Ironie. Habe am 24. 4. das Lesezeichen gemalt, und anschließend schneide ich mir die Sehne durch. «Der Mensch muß so lange gepiesackt werden, bis er Lust hat zum Sterben.» Aber es ist feige, sich das Leben zu nehmen, Mut ist, in der beschissenen Welt weiterzuleben. Leben – nicht überleben.

Hildesheim, den 12. 6. 83

Gestern bin ich total ausgeflippt, man hat mich an Händen und Füßen fixiert, den Bauchgurt habe ich, nachdem mir eine Patientin die Handfesseln losmachte, selbst mit großer Mühe losgerissen. Warum flippe ich so aus? Ich weiß es nicht. Rudolf läßt mich im Stich, N. will mich besuchen, kommt aber hier nie an. Alkohol ist nun mal stärker als der Wille, aber ich lasse mich nicht weiter verarschen. Die Schwestern haben alle eine Maske auf. Wenn es mir gut geht, lächeln sie mich an, das Lachen kommt aber nicht von Herzen, es ist so ein gequältes Lachen – ein Muß. Schwester B. ist zu mir nur freundlich, bald zu freundlich, aber sie will mich am liebsten wieder im Knast sehen. Ich fange an, sie zu hassen.

Hildesheim, den 12. 6. 83

Es ist jetzt 14 Uhr, liege in der Sonne, lasse mich bräunen; das Wetter ist einfach herrlich. Dafür ist meine Stimmung total beschissen. Besuchszeit ist im Gange, alle warten auf ihre Angehörigen, auch ich warte, daß mich mal eine Person besucht, vergeblich wie immer. Es wird eben mehr versprochen als getan; nun die alte Leier kenne ich ja schon, bin ja lange genug Knastologe gewe-

sen. Am besten keine Verwandtschaft, keine Freunde,
einfach nur auf sich eingestellt, dann gibt es auch keine
Erwartungen, keine Enttäuschungen mehr. Ich fange
nicht nur an, Schwester B. zu hassen, sondern auch mich
selbst. Hasse mich schon seit langem, werde meinen Körper so langsam aber sicher zerstückeln. Scheiß auf die
Gesellschaft. Für mich gibt es kein Leben mehr, nur noch
ein Dahinvegetieren. Ich will nicht mehr, ich habe es satt,
satt, satt.

Hildesheim, den 15. 6. 83

Bin z. Z., 9 Uhr, in toller Stimmung. Habe am Montag
120 Melleril geschluckt, man hat mir gleich den Magen
ausgepumpt. H. die dreckige Sau hat mir dabei sehr weh
getan. Scheint ein Sadist zu sein. Es lebe der Alkohol und
die Tabletten. Werde mich so langsam aber sicher selbst
zerstückeln.
Kann nicht weiterschreiben. Bin leider nicht in der Lage
dazu, vielleicht geht es morgen besser.

Hildesheim, den 17. 6. 83

Heute bin ich schon wieder mal happy. Kommt wohl daher, daß ich die letzte Nacht im ruhigen Saal geschlafen
habe. Wenn ich doch wenigstens nachts im ruhigen Saal
schlafen könnte, ich glaube, dann ginge es mir wohl besser. Wenn doch endlich meine Stimmung so bleiben
würde wie jetzt (9 Uhr). Dann würde doch alles in Ordnung werden. Ich hasse heute bzw. jetzt im Moment niemanden, ich könnte die Welt z. Z. umarmen, obwohl
Schwester M. mich gestern warten ließ, aber irgendwie
kann ich sie verstehen, denn ihre Mutter ist krank und
die Mutter geht nun mal vor, obwohl Mutter für mich ein
Fremdwort ist. Sie hätte ja wenigstens anrufen können.
Nun ja, das halbe Leben besteht aus Warten, Warten,
Warten. Ich habe das Warten und Hoffen schon längst
aufgegeben, lasse mich nur noch überraschen, denn ich
liebe Überraschungen. Rudolf, meinen Schatz, habe ich
gestern per Telefon gesprochen. Ich liebe ihn so sehr,
warum schreit er mich an, wenn er das Wort Tabletten
hört? Er kennt doch die Klapsmühle, ohne Tabletten hält
es doch ein normaler Mensch hier in der Klapsmühle
überhaupt nicht aus.

Hildesheim, den 20. 6. 83

Immer noch im LKH Hildesheim. Spinne am Morgen
bringt Kummer und Sorgen. Gott sei Dank, daß ich nicht
abergläubig bin, denn heute morgen gegen 7 Uhr 45
krabbelte mir eine Spinne beim Duschen entgegen. Nun,
mein Kummer, den ich gestern hatte, ist verschwunden
bzw. man hat mich mit Truxal und Atosil vollgepumpt
(war ganz schön angenehm, könnte ruhig öfter geschehen). Durch diese starke Dosis wurde ich ruhig und ruhiger, so daß ich schon sehr früh (20 Uhr) zu Bett ging und
bis heute morgen 4 Uhr 30 durchgeschlafen habe. Das
Beruhigungsmittel wurde mir deshalb eingeflößt, da ich
sehr aggressiv war. Karl Würger wollte mich letzte Woche besuchen, kam aber leider nicht.
Ich war über seinen Bruch des Versprechens so enttäuscht, daß ich nicht mehr wußte, was ich tat. Er hätte ja
wenigstens anrufen können. Alles weitere steht im Brief,
den ich gestern an ihn geschrieben habe, den ich aber
nicht abgeschickt habe.
Immer noch der 20. 6. 83, 10 Uhr 45
Gerade habe ich Beate zugehört, was sie erzählt. Sie redete alles aus sich heraus. Fast eine Stunde lang redete
sie wie ein Buch. Durch mein Zuhören stellte ich fest,
daß ich mit Beate vieles gemeinsam habe. Auch ich leide
an Selbstzerstörung, werde mit meiner Vergangenheit
nicht fertig. Nur Beate redet sich alles aus dem Leib, was
mache ich, ich rauche und saufe alles in mich hinein, so
lange bis es zum Aggressionsausbruch kommt. Es gibt
hier Patienten, die laufen vor lauter Ruhe nur noch apathisch herum, warum geben die mir nichts von ihrer
Ruhe ab? Ich möchte echt ruhiger werden, aber ich
schaffe es nicht, nur wenn ich mit Tabletten vollgepumpt
bin oder werde, dann bin ich ruhig und zwar so ruhig, daß
ich in die LMAA-Stimmung komme, so wie gestern. Wie
es mit mir weitergehen soll, ich weiß es nicht. Mein bishe-
riges Leben besteht doch nur aus Heimen, Knästen und
Irrenhäusern. Wenn ich mal nicht eingesperrt bin, lebe
ich auf der Straße und saufe oder verstümmele mich
selbst. Ich glaube, eines Tages sterbe ich im Knast oder
im Irrenhaus. Vielleicht sterbe ich auch unter Alkoholvergiftung oder an Unterernährung wie Kalle. Ich werde

mich nicht mehr normalisieren. Allein schaffe ich es sowieso nicht mehr, noch mit einem Sozialarbeiter, denn ich bin ja auch ohne Papiere. Noch nicht einmal einen Personalausweis habe ich, habe ich zwar noch, aber es ist keiner mehr, da dieses Dokument total bekritzelt bzw. zerstört worden ist. Nun, ich bin sowieso Freiwild. Ich möchte so gern wieder hochkommen, aber den Berg hinabsteigen ist nun mal einfacher. Ob ich heute mit dem Sozialarbeiter raus kann? Ich glaube es nicht, denn so etwas wie mich kann man doch nicht auf die freie Gesellschaft loslassen. Ich hasse alle erwachsenen Personen, mich eingeschlossen.

Auf eine andere Art habe ich die Leute gern, nur mich nicht. Ich hasse mich so, daß ich saufe, um mich zu vergessen und zu vergessen, wer ich überhaupt bin. Die einzige, die ich wirklich gern habe, ist Beate. Ich bin mit ihr schon vier Monate auf der geschlossenen Station zusammen. Am 13. Mai ist sie 25 geworden, ich hoffe, daß sie noch lange leben wird, aber gesund.

Es gibt ein Erlebnis, was ich wohl nie vergessen werde, denn am 10. November 1962 hat das Jugendamt Hannover mich in eine Familie gesteckt. Von da an wird wohl etwas in mir kaputtgegangen sein. Aber ich möchte nur bei einem bestimmten Thema bleiben, und zwar bei dem Geschehen, was mir im Jahr 1962 bei dieser Familie widerfahren ist.

Es war an einem Sonntagmorgen (Winter), ich mußte den Ofen in Gang bringen, was ich nicht schnell genug schaffte. Statt daß mir das Ehepaar half, trieben sie mich nur an. Als auch die Antreiberei nichts half, wurden sämtliche Türen aufgerissen, so daß ein 8 m langer Gang entstand, den ich ein paarmal rauf und runterlaufen mußte. Erst lief die Frau mit einem Ausklopfer hinter mir her, und schließlich der Ehemann und sie schlugen auf mich ein. Der vierjährige Sohn, der alles mit ansah, meinte hinterher: «Mama, die konnte aber laufen.» Danach ging es zur Kirche. Das Jugendamt Hannover sagte ein paar Jahre später zu mir, dieses Erlebnis sei verjährt.

10 Uhr 15
Ich sitze im Innenhof, es ist alles so ruhig – bald zu ruhig – die Sonne läßt ihre Strahlen auf mich nieder (verbrenne

bald). Ja. Das Vergangene ist verjährt, vielleicht sind die
beiden heute Millionäre durch mich geworden, denn das
Ehepaar B. hat ja genug Geld für mich bekommen. Den
beiden wird es gut gehen, ich bin durch diese Folterung,
die ich bei dem Ehepaar ein halbes Jahr erlitten habe, ein
seelischer Krüppel geworden. Ich möchte so gern das
halbe Jahr aus meinem Leben streichen, aber es geht
nicht, ich muß immer wieder daran denken.
Bei der Ärztin K. habe ich mich heute auch entschuldigt,
denn gestern wollte ich sie nach meinem mißlungenen
Fluchtversuch angreifen. Ich war dermaßen erregt, daß
man mich wiederum fixieren mußte. Es ist alles über
mich gekommen, als man mir den versprochenen Gelän-
deausgang ablehnte. Um 14 Uhr ist Visite, draußen das
herrlichste Wetter, und wir hängen in dem Mief. Es ist
jetzt alles verrammelt und verriegelt. Ich halte es hier
drinnen in dem Mief nicht mehr aus, ich ersticke bald.
Mensch, ihr Schweine, laßt die Luft herein, macht die
Türen auf, ich brauche Luft, frische Luft, keine gesiebte!
Hilfe: ich ersticke.

Es ist jetzt 4 Uhr 30 morgens früh,
also den 22. 6. 83
Laufe schon wie eine Verrückte herum, und warte, daß
ich eine Zigarette rauchen kann. Ich habe so den Eindruck, daß ich gleich noch ausflippe so wie gestern, als
ich Schwester Helga eine ins Gesicht geknallt habe. Es
tut mir echt nicht leid. Diese paar Tage bekomme ich
auch noch herum. Vielleicht werde ich auch heute noch
nach Bad Rehburg verlegt, welches ich sehr begrüßen
werde. Es ist doch eigenartig, sobald etwas auf der Station nicht in Ordnung ist, so bin bzw. soll ich an allem
schuld sein. Und nur, weil ich keine Arschkriecherin bin?
Im Moment geht mir die Pumpe zu 190/100, denn ich
sitze hier auf dem Flur und quäle eine Zigarette. Nun
werde ich schon wieder etwas ruhiger, habe eine kleine
Kreislaufstörung, kommt wohl von der Zigarette, die ist
zu stark. Werde mir erst mal Wasser holen, denn jetzt
habe ich auch noch einen ganz trockenen Mund bekommen. Wenn ich jetzt vor jemanden ausspucken sollte
oder möchte, so geht es nicht, da ich keinen Speichel
habe. Durst, Durst, Durst habe ich jetzt. Wasser hole ich

mir jetzt. Habe mir gerade Wasser geholt, der ganze Flur stinkt nach Nikotin, aber noch bin ich nicht auf Feuerzeug angesprochen worden.

Scheiße, 5 Uhr 50 ich weiß echt jetzt nicht, was ich machen soll. Um 6 Uhr fangen die Scheißer (Pflegepersonal) erst an, die ersten Patienten zu baden. Telefon geht auch schon am frühen Morgen. Scheiß Flur, der stinkt immer noch und ausgerechnet die blöde Kuh geht bzw. ist ans Telefon gegangen. Es ist so ein Idiot an der Strippe, der jetzt schon seine Akte ans Telefon haben will. Wurde aber abgewiesen (zu Recht).

### 7.30 Uhr

Das Frühstück ist zwar schon da, aber die lieben Schwestern haben keine Zeit und dann gibt es eben erst um 8 Uhr Frühstück. Mir soll es egal sein, meine Ration Zigaretten habe ich schon geraucht, bin nur noch nach dem Kaffee süchtig. Hoffentlich werde ich heute nach Bad Rehburg verlegt, denn ich kann Schwester H. nicht mehr sehen. Nun, sie hat wenigstens ein schönes Abschiedsgeschenk von mir bekommen, nämlich eine schallende Ohrfeige. Mußte mal sein, denn irgendwo müssen ja meine Aggressionen ausgetobt werden. Hoffe, daß der Tag ruhig ausklingt. Ich stelle gerade fest, daß ich viel hoffe. Ich wollte doch das Hoffen aufgeben, klappt wohl noch nicht ganz. Werde den Tag hinnehmen wie er kommt.

### Rehburg-Loccum, den 23. 6. 83

Endlich hat es nun doch geklappt, so gegen 14 Uhr 30 wurde ich nach Bad Rehburg verfrachtet.

Nun hocke ich auf dem Klo und schreibe, da ich noch nicht pennen kann. Leider muß hier in Rehburg um 23 Uhr das Licht aus sein. Nun was soll's, ansonsten habe ich noch nichts zu beklagen. Ich liege z. Z. als einzige Frau im Sicherheitstrakt unter sechs Herren. Muß sagen, ich fühle mich sauwohl, zumal ich auch schnell Kontakt zu den Herren fand, da mich einer von ihnen noch aus der Passerelle kannte.

Muß wohl doch ganz schön nervös gewesen sein, denn mein Blutdruck war 130/90, mein Puls auf 92. Wie ich so sehe, werde ich jetzt hier in Rehburg die schwere Zeit in Hildesheim vergessen. Der Arzt hieß mich herzlich willkommen. Mußte über diesen Ausspruch doch höhnisch lachen, das meint er doch wohl nicht im Ernst, dieser Idiot, warum haben dann die Schweine so lange gezögert? Nun, Hauptsache, daß ich jetzt endlich in Rehburg bin und daß ich meine Ruhe habe, zumal ich nun ein Einzelzimmer mit Dusche und Waschbecken plus Klo habe. Die Zimmer sehen echt freundlich aus. Ich muß schon sagen, Rehburg hat sich zum Vorteil verändert. Das letzte Mal war ich 1978 in Rehburg, da gab es noch keine gemischten Stationen. Wo ich jetzt liege, ist keine Station, sondern ein Sicherheitstrakt mit Alarmanlage. Es klingt, als ob in Amerika die Bullen durch die Stadt sausen. Aber mich kann diese Alarmanlage nicht erschüttern. Nun, ich habe jetzt das Licht im Zimmer an und liege und schreibe. Leider habe ich keine Uhr zur Hand, aber es muß so gegen 2 Uhr nachts sein. Ob ich morgen einen Anschiß bekomme, weil ich das Licht wieder angestellt habe? Aber was soll ich denn sonst anfangen, wenn ich nicht schlafen kann? Grübeln, vielleicht so lange, bis ich ausflippe? Ob mich überhaupt ein Mensch verstehen kann? Wozu soll das eigentlich gut sein, daß um 23 Uhr das Licht aus sein muß? Gehört das evtl. auch schon zur Therapie? Draußen gehe ich auch nicht um 23 Uhr zu Bett, wenn ich noch nicht müde bin. Nun es ist wieder einmal die höhere Gewalt, die da spricht.

Rehburg, den 24. 6. 83, 6 Uhr

Nun sitze ich hier auf meinem Zimmer schon geduscht und fertig knapp eine halbe Stunde und bin selbst mit mir zufrieden, was schon lange nicht mehr vorkam. Diese Stille am frühen Morgen habe ich schon lange vermißt. Statt Irrengeschrei, höre ich die Vögel zwitschern, ab und zu mal eine leise Stimme aus dem Hintergrund. Diese Ruhe, diese Stille, einfach unbeschreibbar. Eine Zigarette und einen Kaffee am frühen Morgen, wie lange habe ich mich danach gesehnt. Hätte es nicht eher sein können, daß man mich nach Rehburg verlegte? Lag es wirklich nur am Zimmer oder an der Alarmanlage? Ich weiß es nicht, ich will es auch gar nicht mehr wissen, Hauptsache ist es jetzt nur für mich, daß ich endlich wieder unter normalen Menschen weilen darf. Ich werde diese stillen Minuten kosten, ich werde alles daran setzen, daß ich diese Therapie ohne Schwierigkeiten hinter mich bringe. Alle haben in Hildesheim gesagt: du schaffst es nicht, du bist unheilbar, du bleibst ein Leben lang ein Säufer, du endest im Irrenhaus. Ich habe es selbst schon geglaubt, aber ich werde es denen aus Hildesheim zeigen, zeigen, daß ich es doch schaffen werde, und ich werde es schaffen, genauso wie ich es 1977 geschafft habe.

Rehburg, den 28. 6. 83

Gestern habe ich fast den ganzen Tag gepennt. Hatte Alpträume, werde meinen Haß Bad Rehburg gegenüber nicht los. Warum ich Rehburg so hasse, ist mir selbst unbegreiflich, ich weiß es nicht. Die Alarmanlage nervt mich auch so langsam. Gestern ging sie bestimmt vierzehnmal los, obwohl es hier auf dem Sicherheitstrakt ruhig zuging.
Heute geht es los mit meiner Therapie. Bin nur zum Schlafen hier unten. Habe zwar keinen Bock zur Therapie, aber was soll ich den ganzen Tag hier unten hängen? Zum Dahinvegetieren habe ich auch null Bock. Ich hoffe nur, daß ich mit den Männern dort gut auskomme, sowie ich hier unten mit denen gut ausgekommen bin. Wozu lebe ich eigentlich, irgendwie habe ich Schiß.
Kann meine Angst aber nicht beschreiben, nun, es wird schon schief gehen. Mittlerweile ist es bereits 14 Uhr 38. Passiert ist immer noch nichts. Ich hänge total abgeschirmt so sinnlos hier herum. Mir ist es speiübel, aber einen Arzt habe ich seit letzten Freitag nicht mehr gesehen. Mensch Karin, was mußt du verbrochen haben, daß du nicht auf die Menschheit losgelassen wirst.
Nun bin ich fast ein Jahr hinter Gitter, Schloß und Riegel plus Panzerglas. Von der Freiheit habe ich bisher noch nichts gesehen, kein Stadtausgang weder noch. Ich schaue bzw. gehe rückwärts statt nach vorn. Meine Besuche werden, so lange ich auf dem Sicherheitstrakt hänge, eingeschränkt sowie auch das Telefonieren mit der Außenwelt hier verpönt ist. Wie lange wollen mich die Schweine noch in Unfreiheit halten. Ich habe keine Lust mehr, fange bald an zu resignieren, vielleicht habe ich auch schon resigniert. Für Tabak und Kaffee bin ich noch gut genug. Hab's ja auch so dicke. Ziehe hier mitt-

Christine Swientek und Karin P.

lerweile noch drei Männer mit Genußmitteln durch. Leider kann ich nicht nein sagen. Muß mir nun auch schon von dem Sozialarbeiter A. sagen lassen, daß ich nicht mit Geld umgehen kann. Mensch, woher nimmt er das Recht, so etwas zu sagen. Von mir aus sollen sie doch kommen, sollen mich doch ausnehmen wie eine Weihnachtsgans. Stirb oder verrecke.

Rehburg, den 22. 7. 83

Gestern nachmittag hat mich Frau Swientek besucht. Worüber ich mich sehr gefreut habe, auch sonst lief der Tag so olala bis zum Abend, als man mir plötzlich ohne jegliche Begründung sagte, daß ich von nun an nicht mehr auf Station darf, sondern im Sicherheitstrakt bleiben muß. Seltsamerweise sollte auch meine angefangene Arbeitstherapie mit Dr. K. abgeklärt werden, was sich hinterher als Irrtum herausstellte. Nun der Irrtum stellte sich zu spät heraus, denn wiederum habe ich an meinem Arm herumgeschnippelt. Der Bereitschaftsdienstarzt benahm sich unmöglich, er wurde richtig hysterisch; er braucht wohl selbst bald eine psychiatrische Behandlung. Nun ja, den Grund der sonderbaren Maßnahmen habe ich inzwischen von Dr. K. auch erfahren, und zwar bekamen die Pfleger die Order, weil ich an keiner Gruppe teilnahm und einigen Mitpatienten das Pendeln

**Brief an Karin**

Gestern, liebe Karin, war ich zwei Stunden bei Ihnen. Im «Fachkrankenhaus für Suchtkranke», das Sie sich selber im letzten Gerichtsverfahren wünschten. Nach unserer letzten Begegnung im November im Gerichtssaal haben Sie sich gut erholt.

Ich fand Sie auch ausgeglichener, ruhiger – fast ein bißchen zufrieden, falls es das bei Ihnen überhaupt jemals geben kann. Auch ein bißchen «angekommen», weil endlich mal angenommen. Sie standen nicht so unter Volldampf und Hochdruck, wie ich Sie sonst kenne. Und dann kam der Bruch. Als Sie mir nach langem Kaffeetrinken in der Cafeteria Ihr Zimmer zeigen wollten, wurden Sie herausgerufen. Ich überlegte schon, wie lange ich da nun eingeschlossen in dieser Institution warten müsse auf Ihre Rückkehr. Eingeschlossen sein macht mich hilflos, ich muß mich anstrengen, nicht in Panik zu verfallen. Da kamen Sie auch schon wieder zurück – als eine andere. Nein, eigentlich nicht. Sie kamen so zurück, wie ich Sie seit fünfzehn Jahren kenne: angespannter Gesichtsausdruck, zusammengekniffene Augen, fahrige Bewegungen, körperliche Unruhe. Aber neu in allem war für mich die Angst, die ich erstmals an Ihnen entdeckte. Da war auf einmal keine Wut, sondern Hilflosigkeit und Angst. Die Angst des Kindes, das wieder einmal niemand haben will!

Und man wollte Sie tatsächlich wieder mal nicht haben. Der Arzt hatte mir tags zuvor schon am Telefon seine Pläne erläutert – so bald wie möglich raus – therapieresistent – gruppenunfähig – besserungsunwillig ... Und eine Stunde vor unserem Treffen hatte er mir erzählt, daß er Sie oben auf der Station nicht mehr haben wolle, weil Sie ohnehin nicht mitmachten. Sie würden Unruhe bringen – und es brächte ja alles doch nichts. Er wollte, so sagte er, es Ihnen in den nächsten Tagen mal sagen.

Damit hat er aber nicht lange gewartet. Und auch nicht er selber hat es Ihnen gesagt, sondern ein Pfleger. Sie dürfen nicht mehr auf die Station – fertig. Warum nicht? Schulterzucken. Der Pfleger wußte es wohl selber nicht so genau. Und der Arzt war nicht mehr

zu sprechen, weil als Medizinalbeamter ja ab 16 Uhr 30 in Feier-
abend.

Ob der gedacht hatte, ich würde es Ihnen schon schonend beibrin-
gen? Oder ob er gemeint hatte, Ihre Frustrationstoleranz sei nach
meinem Besuch größer?

Sie war es nicht und sie wird sich auch nicht durch diese Behandlung erhöhen. Bei Ihnen geht jede Ablehnung, jede Absage gegen
Sie als Mensch – so komplett wie Sie sind. Und keiner macht sich
die Mühe, Ihnen zu sagen, daß es nicht Sie sind, sondern Ihr Verhalten, das sich ändern muß, wenn Sie «dabeibleiben» wollen.
Daß Sie – in diesem Fall – nicht kommen und gehen dürfen, wie Sie
wollen, wenn Sie nicht bereit sind, auch Verpflichtungen, Zeiten,
Aufgaben auf sich zu nehmen! Darüber kann man sprechen – das
ist einsichtbar – da ist etwas machbar. Und die Entscheidung hätten Sie: ein Stück mehr Anpassung und bleiben dürfen oder nur
nach eigenem Gusto leben und ausgeschlossen werden. An dieser
Stelle hätten Sie Wesentliches lernen können – es ist der Kern Ihres
Lebens, Ihrer «Karriere». Sie als Mensch sind nicht abgelehnt. Sie
sind so liebenswert wie jeder andere auch. Aber Ihr Verhalten ist
es, das nicht akzeptiert werden kann. Sein eigenes Verhalten kann
man vielleicht noch ändern – auch mit Mitte Dreißig – aber sich
selber – komplett mit allem Drum und Dran – das schafft niemand.
Ach, Karin! Ich bin wieder so mutlos weggefahren von Ihnen, weil
ich wieder feige war. Ich habe getan, als wüßte ich nicht, warum
man Sie aus der Gruppe ausschloß, in der Sie sich wohlgefühlt
haben. Ich habe einfach gesagt: Sie müssen fragen, es wird doch
einen Grund haben. Lassen Sie sich morgen einen Termin vom
Arzt geben, vielleicht läßt es sich klären!

Ich habe daran gedacht, mit Ihnen darüber zu sprechen. Aber ich
habe es dann beiseite geschoben und mir gesagt: soll ich eigentlich
diesem gutbezahlten und auf Lebenszeit verbeamteten Staatsdie-
ner die Kartoffeln aus dem Feuer holen? Er sitzt an seinem
Schreibtisch – zu den ortsüblichen Dienstzeiten – und verfügt per
Pflegerbotschaft. Ob er damit was kaputt macht? Was interessiert
es ihn?

«Ich habe ihre Biographie gelesen», sagte er zu mir (so, als ob das für einen Therapeuten nun etwas Besonderes wäre!!) «und wenn ich danach gehe . . .», «Sie war ja auch schon öfter bei uns!» – «Ja», habe ich gesagt, «ich weiß.»

«Karin ist gar nicht gruppenfähig», sagte ich. «Sie braucht erst einmal eine Einzeltherapie. Karin kann sich in keiner Gruppe äußern. Sie kann auch die Spannungen nicht aushalten, die sich durch den Gruppenprozeß ergeben. Sie könnte auch nicht die allerkleinste Kritik aus der Gruppe ertragen – sie würde sofort zuschlagen!»

«Dann ist sie hier eben nicht richtig», sagte der Arzt. «Alkoholikertherapie beruht auf Gruppenarbeit. Und wer dazu nicht fähig oder willens ist, ist hier fehl am Platze.» – «Sie muß durch Einzeltherapie erst einmal gruppenfähig gemacht werden. Sie muß in der Zweierbeziehung Vertrauen in sich selbst bekommen und lernen, Frustrationen zu ertragen und ihnen adäquat zu begegnen.»

«Das gibt es hier nicht», sagte er fast empört. «So was haben wir hier nicht. Dafür haben wir gar keine Kräfte. Und auch keine Zeit.»

Ich habe genickt und auf meine Fingerspitzen geguckt. Was sollte ich dazu sagen! Mich mit ihm anlegen! Sagen, daß das doch alles Käse ist, wenn sie nur Leute therapieren können, die noch so heil sind, daß sie gut funktionieren?»

Plötzlich stand mir ein Gespräch vor Augen, das ich vor fast fünfzehn Jahren mit einem seiner Psychiaterkollegen im Gesundheitsamt über Ihre Suicidgefährdung geführt hatte. «Da ist doch nichts mehr zu machen», hat er gesagt – desinteressiert, blasiert – und hat uns beide mit einer winkenden Handbewegung aus der Tür gescheucht. «Da können wir nur warten, bis es mal klappt.» Und das «Klappen» wäre der vollendete Selbstmord gewesen.

Warum können all diese Spezialisten denn nichts machen? Sie haben's studiert, sie haben's gelernt, sie sitzen auf Chefarztposten, weil sie als befähigt für ihre Aufgabe gelten, sie werden hoch bezahlt, sie werden als Gutachter herangezogen, weil sie so aussagefähig und qualifiziert sind – aber sie können nichts machen. Nur mit dem, der sich eigentlich auch noch ganz gut selber helfen könnte!

Aber diese Frau? Will ja nicht, säuft ja doch, schafft es ja doch nicht, ist zu labil, wir kennen sie ja, und was für Institutionen hat sie nicht schon alle hinter sich, die haben es doch schon alle probiert – nein, da machen wir gar nichts mehr.

Und dann habe ich Ihren Arzt gefragt, ob er mit seinem Nichtstun und mit der vorzeitigen Entlassung seine Patienten denn bewußt wieder allen Stürmen aussetzen will, ohne etwas in all den Wochen getan zu haben!? Sie ist nach monatelangem Warten endlich hier gelandet und hier erhofft sie Hilfe – «Sie stellen sie doch wieder frei dem Schicksal zur Verfügung – und wieder um eine Hoffnung ärmer.»

Er hat wieder milde gelächelt, etwas unsicher und schief, hat auf seine gefalteten Hände geguckt, hat in den paar Papierchen geblättert, die über Karin auf dem Tisch lagen – und damit war das Thema beendet.

Warum nur habe ich diese angespannte Gesprächspause nicht ausgehalten, sondern abgebrochen – und damit ihn entlastet, indem ich schnell fragte, ob er meine Adresse wolle, falls mal was Dringendes sei? Warum habe ich ihn nicht schmoren lassen? Vielleicht hätte er wenigstens ein kleines bißchen Schuldgefühle bekommen! Nein, ich habe ihn entlastet und er griff nach seinem Kugelschreiber wie nach dem lebensrettenden Strohhalm und hat mit ungeheurer Beflissenheit meine beiden Adressen notiert und diensteifrig hinzugefügt: «Ich lege viel Wert auf das Soziale nach der Entlassung!»

Ach, würde er doch auch nur etwas Wert auf das Soziale vor der Entlassung legen.

Karin, ich kann diesen Brief nicht an Sie abschicken, Sie nicht noch verzweifelter werden lassen. Ich werde Ihnen einen nichtssagenden Brief schreiben – und ich werde mich schämen für meine eigene Mutlosigkeit, und ich werde verzweifeln an meiner eigenen Machtlosigkeit. Ich kann für Sie nur ein Mensch sein, der immer mal wieder für Sie da ist, der aber auch Schwierigkeiten hat mit der Grenzziehung in mitmenschlichen Beziehungen. Vielleicht bin ich deswegen so hilflos? Aber ich will wenigstens Mensch sein, wenn Sie mich brauchen – auch wenn ich fast gar nichts für Sie tun kann.

zwischen Station und Sicherheitstrakt auf die Nerven ging. Auch konnten es einige Herren nicht verkraften, daß ich schon alleine in den Park gehen konnte. Sie schwärzten mich gleich bei dem Pflegepersonal an, daß ich Tabletten schlucken würde. Nun ja, den Park darf ich auch weiterhin benutzen und hoffe, daß ich auch bald Ortsausgang habe.

Rehburg, den 31.7.83

Es gibt Narben, die brechen immer wieder auf und dann hat man es satt, dann will man diesen ewigen Schmerz betäuben ... und man säuft. Säuft am Morgen, zu Mittag, zum Fünf-Uhr-Tee, zum Abend, zum Nachtgebet. Säuft vom Absinth bis zum Zitronenbrandy das ganze Alphabet durch, säuft sich die Seele aus dem Leib, diese verdammte Seele ... Aber es hilft nichts, es hilft gar nichts ... Die Bilder sind immer da, jeden Augenblick, wenn das Gehirn durch den Schnapsnebel blickt ... Und da stehen sie dann: Beamte, wie sie mir die Arme umdrehen und mich zusammentreten, Landeskrankenhaus Hildesheim, Pfleger und Ärzte, die mir gegenüber ihre letzte bzw. das klein bißchen Macht, was sie noch besitzen, voll auskosten, mich schikanieren, mich behandeln wie eine Irre usw... und man weiß nicht mehr, was Man(n)/Frau tun soll, man hat ja alles versucht, man hat den Mund nur noch aufgemacht, um einen Flaschenhals dazwischen zu schieben. Ja, Leute, ihr Besserwisser, ihr Altklugen, ihr da oben, was soll man da noch tun? Was bleibt einem übrig? Wo soll man hin? Verdammt noch mal, wo ist meine Zukunft? Alles Fragen, Fragen, aber keine Antwort, nur immer wieder das Besetztzeichen. Ich bin ein Mensch – ein Mensch im Endzustand.

Rehburg, den 4.8.83

Heute ist es genau ein Jahr her, als die Bullen mich festnahmen und der Haftrichter den Haftbefehl ausschrieb. Seitdem verlaufen meine Aufenthalte hinter Schloß und Riegel sehr verwirrend. Was brachte mir das eine Jahr Freiheitsentzug eigentlich ein?
Ein halbes Jahr Vechta: zusammengeschlagen bzw. getreten vom Rollkommando, zweimal Bunker, Freizeitsperre, Arbeitsverbot,

Produkt: Haß, gestaute Aggressionen.

Vier Monate LKH Hildesheim: Rückführung ins Mittel-
alter, Wachsaal, Schikanierung, zweimal Fluchtversuch, Pulsader aufgeschnitten, Sehne am rechten Mittelfinger durchgeschnitten, Überdosis Tabletten.

Produkt: überreizte Aggressionen, Haß, steifer Finger.

Seit dem 22. Juni Suchtklinik Bad Rehburg: bisher einen
Schritt vorwärts – zwei Schritte zurück.

### Freitag, den 8. 8. 83

10 Uhr 19 hänge ich auf dem Sicherheitstrakt, verweigere
seit gestern die Arbeit, werde auch ab nächste Woche die
Gruppen-Stationen verweigern. Grund: trotz meiner
Bemühungen läßt mich das Pflegepersonal links liegen.
Was habe ich davon, wenn ich mich an den Gruppen mit
beteilige, aber weiterhin von den Patienten getrennt
werde. Durch zwei Stunden Arbeit kann ich mit meinen
Mitpatienten nicht näher kommen. Ich habe zwar Ortsausgang bekommen, aber vielleicht nur deshalb, damit
man/Frau mir eine Gelegenheit zum Saufen oder zur
Flucht gibt, damit das Pflegepersonal mich wieder in den
Knast abschieben kann, da ich angeblich therapieunwil-
lig bin. Aber diesen Gefallen werde ich den Scheißern
nicht geben. Eher gehe ich in Hungerstreik oder mach
auf meine derzeitige beschissene Situation aufmerksam.
Man hat mit mir schon anderweitig Psychoterror getrie-
ben, dann werde ich auch diesen Psychoterror, mit dem
man mich z. Z. stark unter Druck setzt, fertig werden.
Mir schieben sie Probleme in die Schuhe, dabei haben sie
selbst welche, und zwar ziemlich starke, ansonsten würden sie mich gleichberechtigt behandeln. Was sie wohl in
der freien Gesellschaft mit den Frauen anstellen, wenn
sie noch niemals in einer Anstalt mit dem Problem
«Frau» fertig werden.

### Rehburg, den 23. 8. 83

In der Zwischenzeit, und zwar am 14. 8. war ich für ein
paar Tage erstmals auf Flucht. Ich bin mit Thomas und
Widi abgehauen, weil es einfach nicht mehr ging. Wir
sind fast 20 km von Rehburg aus durch die Wälder und
Feldwege gelaufen, bis wir einen Wagen fanden, wo die

Türen offen waren und der Zündschlüssel noch
steckte. Wir nahmen die Gelegenheit wahr und fuhren
mit dem herrlich willkommenen Wagen nach Hannover. Dort trennte ich mich dann von Widi und B. und
ging meiner eigenen Wege. Machte Platte und fing wieder an zu saufen, so lange bis man mich total besoffen
aufgriff. Erst richtig zu mir kam ich, als ich in Hand-
und Fußfesseln in dem Polizeigewahrsam lag. Nun ja,
jetzt hänge ich wieder in Rehburg im Sicherheitstrakt.
Ich habe zwar jetzt einen Therapieplatz, aber vierzehn
Tage Ausgangssperre. Der Arzt hatte schon eine Zu-
rücklegung nach Vechta schriftlich beantragt, das
konnte ich Gott sei es gedankt nach einem ausführlichen Gespräch mit ihm noch einmal abwenden,
denn er gab mir die allerletzte Chance, die ich jetzt
ausnutzen werde.

### 5. Oktober 1983

Vor vierzehn Tagen war ich erstmals nach dreizehn Monaten regulär auf Urlaub in Hannover. Da ich sauber
wieder aus meinem Urlaub in Rehburg erschien, liegt
weiteren Lockerungen nichts mehr im Wege. Urlaub
kann ich jetzt soviel nehmen, wie ich will.

### Rehburg, den 11. 11. 83

Seit Dienstag hat hier auf unserer Station eine Bombe
eingeschlagen. Die Aufräumung ist gründlich, bald zu
gründlich. Leider wurde schon seit Wochen auf Station
gekifft und so wie es aussieht, muß eine größere Menge
gedealt worden sein. Kripo und das Rauschgiftdezernat
wurden eingeschaltet. Dr. K. ist mit seinen Nerven fertig,
aber nicht nur Dr. K., sondern auch wir Patienten. Gerd,
Werner, Hansi, Manfred und Gerd B. wurden gleich auf
den Sicherheitstrakt verbannt, da sie in Verdacht gerie-
ten, geraucht und auch einige Gramm mit hineinge-
schmuggelt zu haben. Mir persönlich wurde eine Diszi-
plinarstrafe aufgebrummt (Urlaubssperre und Verbannung auf den Sicherheitstrakt für eine Woche), weil ich
mal eine Pfeife mitgeraucht habe. Manfred, der den
Stein ins Rollen brachte, ist für mich ein Schwein, weil er
auf Kosten anderer Köpfe sich reinwaschen wollte. Wie
nun alles weitergehen soll, steht in den Sternen. Es soll

mit Gruppen versucht werden, eine drogenfreie Station aufzubauen. Aber wie, wenn es die wenigsten Patienten ernst meinen. Für mich selbst gestehe ich mir eine gewisse Ehrlichkeit zu, da ich endgültig vom Alkohol loskommen möchte.

Bei Tabletten stehe ich noch in Zweifel und drogensüchtig bin ich noch nie gewesen. Für mich selbst sehe ich keine Gefahr, wenn ich mal eine Pfeife rauche, da weiß ich, daß ich nie zur Spritze greife. Ich habe ja schon viel in Anstalten erlebt, aber was hier auf der Männerstation so alles abläuft, erschüttert mich doch ein bißchen. Jeder will für sich selbst das Beste, aber leider immer auf Kosten anderer. Die Radfahrer auf Station kann man/Frau schon nicht mehr zählen, es kotzt mich unwahrscheinlich an. Es geht ja schon so weit, daß die Intrigen und Unterstellungen kein Ende mehr nehmen.

Auf jeden Fall ist der Aufenthalt für mich keine Alkoholtherapie, sondern eine Schocktherapie mit Psychoterror. Meine Rasierklinge liegt auf jeden Fall parat.

2. Dezember 1983

Nun werde ich plötzlich zum Frühsport gezwungen. Da ich gegenüber dem Frühsport mit zwanzig Herren gewisse Hemmungen habe, verweigere ich auch dieses, was mir leider nur Ärger einbringt. Dr. K. ist der Meinung, daß ich keine Lust hätte. Ich möchte ihm ja so gern alles erklären, aber leider findet er sich zu einem Gespräch nicht bereit.

Rehburg, den 2. 12. 83

Heute morgen wurde ich doch tatsächlich von Dr. K. gefragt, ob ich ihm ehrlich antworten könnte, was ich natürlich bejahte, obwohl ich nicht wußte, worauf er hinaus wollte. Vom 24. 11. bis 26. 11. war ich auf Urlaub in Hannover. Heute wurde ich nun von Dr. K. gefragt, ob ich Alkohol getrunken hätte, da ich mich für eine gewisse Zeit unter den Stadtstreichern aufgehalten hatte. Selbstverständlich habe ich nichts getrunken, aber irgendein Idiot muß Rehburg verständigt haben, daß ich angeblich am Kröpcke getrunken habe. Ja, so sieht es aus, sogar im Urlaub wird man noch beobachtet.

Ob der Arzt nun meine Antwort auf seine dumme Frage

akzeptiert hat oder nicht, bleibt dahingestellt. Ich weiß nur eins, daß ich zu mir selbst ehrlich genug bin und daß ich mit ruhigem Gewissen behaupten kann, daß ich bisher in meinem Urlaub noch keinen Alkohol oder Tabletten zu mir genommen habe.

Daß ich mich auch im Urlaub in der Passerelle unter den Stadtstreichern aufhalte, ist eine andere Sache und dieses kann mir keiner verbieten. Schließlich sind die Stadtstreicher bzw. Penner noch meine besten Freunde und sie werden es auch bleiben. Ich bin der Meinung, daß der Kontakt zu den Pennern für mich so lange keine Gefahr ist, solange ich den festen Willen habe, keinen Alkohol mehr zu mir zu nehmen, und noch habe ich diesen starken Willen.

# VII. Disziplinierung, Druck und Verachtung – Justiz

Karin schreibt mir aus dem Gefängnis – nach mehrjähriger Pause haben wir uns durch Zufall wieder «gefunden». Sie hat am 24. November 1982 eine Berufungsverhandlung – hatte beim letzten Prozeß 15 Monate «bekommen» und ist in die Berufung gegangen. Nun soll noch einmal verhandelt werden. Karin fragt nicht, ob ich zu der Verhandlung kommen würde – aber der Gerichtstermin ist rot unterstrichen – also eine Bitte! Ich weiß, daß es ihr eine Hilfe ist, wenn ich im Zuhörerraum sitze.

Ich finde mich pünktlich ein, sitze schon in der Zuhörerbank, als sie hereingeführt wird. Wir können uns nur zunicken. Ich habe schon an vielen Gerichtsverhandlungen teilgenommen und kenne die Zeremonien.

Karin kennt sie auch und sie zeigt nur zu deutlich, wie sehr sie das alles langweilt. Nur wer sie besser kennt weiß, daß sie damit ihre Angst kaschiert: Aggression zur Bewältigung von Depression. Karin gibt sich betont lässig, schiebt eine große Kugel Kaugummi von einer Backentasche in die andere, streckt die Beine weit von sich, antwortet betont einsilbig. Bei Vorhaltungen zuckt sie mit den Schultern, auf manche Fragen antwortet sie herausfordernd: «Das wissen Sie doch schon alles, warum fragen Sie mich schon wieder. Das wissen Sie doch noch vom letztenmal. Ich bin doch keine Schallplatte!»

Der Richter bleibt imponierend ruhig. Er lächelt, er erklärt, er fragt nach. Als Karin von einem hinter ihr sitzenden Justizbeamten wegen ihres Verhaltens scharf zurechtgewiesen wird, muß dieser eine Rüge vom Richter einstecken – er habe in diesem Saal nichts zu vermelden. Als er sich ein wenig im Penner-Jargon übt – was ihm gar nicht zu Gesicht steht – lächelt Karin ihn an. Daß es ein sehr geringschätziges Lächeln ist, merkt er nicht. Ich kann Karin verstehen. Diese Sprache ist ihre Sprache, nicht seine. Und Anbiederungen liebt sie nicht. Sie ist realistisch genug, um zu wissen, daß das nur Mache ist. Der Richter sitzt nicht nur im Gerichtssaal weit über ihr.

Sitzungspause! Wir stehen alle im Flur herum. Zwei männliche und eine weibliche Vollzugsbeamte haben sich locker an den Treppenaufgängen postiert – es sind Karins «Begleiter». Ich spreche mit Karin ganz kurz. Sie sagt, welch furchtbare Angst sie habe, wieder eingesperrt zu werden. Ich kann sie verstehen. Ich will die Gelegenheit wahrnehmen, noch ein paar Worte mit ihrem Anwalt und dem Gutachter zu sprechen. Sie stehen zusammen, ich stelle mich dazu. Während wir uns über das Verfahren unterhalten, kann ich aus der Mimik des Gutachters ablesen, was sich hinter meinem Rücken tut – er ist ganz gespannte Aufmerksamkeit, er lächelt, seine Augen funkeln. Ich frage ihn leise: «Will sie abhauen?» Er sieht mich überrascht an und nickt. Angesichts so geballter staatlicher Anwesenheit sehe ich keine Veranlassung einzugreifen. Gutachter und Anwalt scheinen meine Auffassung zu teilen. Wir bleiben stehen und sprechen weiter. Als ich mich dann einmal umdrehe, sehe ich die weibliche Aufsichtsbeamtin heftig auf Karin einreden. Karin steht daneben und lächelt. Die anderen Beamten haben «Haltung» angenommen und sind zusammengerückt. Die ganze Stimmung ist plötzlich explosiv.

Der Rest der Verhandlung verläuft ruhig. Karin bekommt statt der fünfzehn Monate Strafhaft nur noch sechs Monate. Gleichzeitig wird die Unterbringung in eine Trinkerheilanstalt angeordnet. Karin selber hat es so gewollt. Allen Anwesenden ist das unverständlich, sie fragen noch einmal nach. Eine Strafe ist zeitlich begrenzt, das heißt planbar, berechenbar. Eine «Unterbringung» ist es nicht.

Der anwesende Gutachter bezeichnet Karin als chronische Alkoholikerin, die zwar noch steuern könne, *ob* sie trinken wolle, wenn sie nüchtern ist, nicht aber mehr die Menge im Griff habe, wenn sie erst einmal angefangen hat. Karins «Pegel» liege bei etwa zwei Promille – sind diese überschritten, wird sie aggressiv, verliert die Kontrolle über das Recht- oder Unrechtmäßige ihres Tuns. Eine Kur befürwortet er – er sagt aber sehr offen, daß die entsprechenden Institutionen so schlecht seien, daß eine Garantie für Erfolg nicht gegeben werden könne, selbst dann nicht, wenn von seiten der Patientin eine hohe Motivation vorläge. In Frage käme nur die Anstalt Rehburg. Nach Aussage des Gutachters bezeichneten aber sogar die dort arbeitenden Ärzte die geschlossene Unterbringung als «Katastrophe».

Nach der Verhandlung verläuft sich alles schnell. Zurück bleiben die Aufsichtsbeamten, Karin und ich. Ich hatte die Beamtin schon vorher gefragt, was ich in ein Weihnachtspäckchen für Karin ins Gefängnis packen dürfe. Aus ihrer Antwort – schnell und unfreundlich – war ich aber nicht klug geworden. Meine weiteren Fragen sind ihr ganz offensichtlich lästig. So bespreche ich das mit Karin. Überhaupt wissen Gefangene über solche Fragen in der Regel besser Bescheid. Wir gehen durch die endlosen Gerichtsgänge, Treppen runter, neue Gänge. Ich gehe mit Karin voran, halb hinter ihr die Beamtin, die unser Gespräch mit anhören kann, hinter uns schlendern in einiger Entfernung die männlichen Beamten. Wir sind also gut bewacht. Karin ist sehr unaufmerksam. Ich merke, wie sie nach einer Chance zur Flucht Ausschau hält und sage einmal leise zu ihr: «Nicht, Karin, das macht alles nur schlimmer!» Karin lächelt nur zerstreut. Sie bleibt mal zurück, mal geht sie ein paar Schritte vor. Die Beamtin bemerkt es. In scharfem Ton wird Karin zweimal zurechtgewiesen. Mehr geschieht nicht. Ich will zum Ausgang – der Weg der restlichen Truppe ist mir unbekannt. Ich nehme an, sie werden schon sagen, wo sie abbiegen müssen. Aber nichts geschieht. Wir gehen alle gemeinsam dem Ausgang zu – und zehn Meter vor der offenstehenden Glastür rennt Karin los. Noch bevor ich erfasse, was vor sich geht, ist sie durch die Tür entschwunden.

Als nächstes bekomme ich einen heftigen Schlag in den Rücken und die beiden Beamten rennen schreiend an mir vorbei, die weibliche Beamtin hinter ihnen her. Durch die Glastür sehe ich sie über den großen Vorplatz hinter Karin herrennen. Karin hat eine gute Kondition – gemessen an ihrem Alkoholikerdasein und der Tatsache, daß sie die letzten sechs Monate «gesessen» hat. Aber nach etwa 150 Metern wird sie doch eingeholt, unmittelbar neben einem geparkten Pkw. Die Beamten ergreifen sie, werfen sie bäuchlings auf die Kühlerhaube und drehen ihr die Arme auf den Rücken. Während ich langsam auf diese Szene zugehe, denke ich: «Wie in einem amerikanischen Krimi» und «das habe ich nicht für möglich gehalten. Also sind das doch keine Übertreibungen». Als ich die vier am Auto erreiche, höre ich, wie die weibliche Beamtin ihre beiden Kollegen auffordert, fester zu ziehen. Ihre Stimme ist knochenhart. Ich wage fast nicht zu denken: «diese Frau ist ja haßerfüllt» und mir fällt ein, daß Frauen in solchen Posten angeblich immer viel schärfer, gemeiner sein sollen. Ich habe es nie geglaubt.

Karin liegt mit dem Gesicht platt auf der Kühlerhaube. Sie wird gefesselt. Vorsichtig versuche ich ihren Kopf so zu drehen, daß sie wenigstens Luft holen kann. Dann wird sie hochgerissen und vorwärts gestoßen. Die gefesselten Arme werden ihr auf dem Rücken so hoch gedreht, daß sie nur tief gebeugt gehen kann – vorwärts stolpern, mehr ist es nicht. Es muß furchtbar weh tun.

Als die Gruppe an mir vorbeigeht, werde ich in schärfstem Ton angeherrscht: «Und wenn Sie noch mal was von ihr wollen, müssen Sie schon nach Vechta kommen!»

Ein paar Minuten hat dieser Spuk gedauert. Von weitem sehe ich noch, wie Karin in den Gefangenentransportwagen geschubst wird. Ich hole mein Rad und stehe mitten auf dem Gerichtsvorplatz und heule: aus Mitleid, vor Schreck, vor Fassungslosigkeit. Das kann nicht sein! Gelesen habe ich schon oft davon – aufgeschrieben von Betroffenen, aber ich habe den subjektiven Anteil stets für sehr hoch gehalten.

Um was ging es hier denn eigentlich? Um Terrorismus? Um einen Gemeingefährlichen? Um einen Staatsfeind ersten Ranges?

Es ging um das «unbefugte Betätigen einer Notbremse», um «Beförderungserschleichung» und um Sachbeschädigung. Bei einem Blutalkoholspiegel von über zwei Promille hat sie die Scheiben von vier Pkw eingeschlagen.

Ich schiebe mein Rad bis zum Dienst in der Hoffnung, bis dahin meine Fassung wiederzuerlangen. So recht gelingt es mir nicht. Einer Kollegin erzähle ich den ganzen Vorfall. «Die meinten sicher, du hast was mit der Flucht zu tun», meint sie. «Dann hätten die ja vorher etwas unternehmen können», sage ich, «und nicht erst darauf warten, bis sie wirklich wegläuft.»

Karin wurde an diesem Vormittag dreimal scharf zurechtgewiesen, als sie Fluchttendenzen zeigte. Anschließend wird die «Gefangene» nicht wie sonst üblich durch den Keller auf den eingezäunten Platz zur «grünen Minna» geführt, sondern an einer offenen und unbewachten Glastür vorbei! Was wollten die Beamten beweisen? Daß Karin flieht? Waren sie gemein? Oder schusselig? Oder haben sie einfach nicht aufgepaßt, haben die Signale für ein angemessenes Verhalten nicht ausgereicht?

Hätte Karin diese Situation nicht für sich ausgenutzt, ich hätte sie für total gestört, verstört, zerstört gehalten. Das wäre ein Zeichen gewesen, daß sie durch die Institutionen schon so schwer geschädigt ist, daß sie solche Chancen entweder gar nicht mehr sieht oder nicht mehr in der Lage ist, sie wahrzunehmen, nicht mehr wollen zu können. Die Konsequenzen aus diesem staatsbeamtlichen Fehlverhalten muß leider die Gefangene selber tragen – die zur Flucht Verführte. Die Beamten melden nur, daß die Gefangene den Gerichtstermin zur Flucht benutzen wollte, diese aber durch die schnelle Reaktion der Beamten nach 150 Metern vereitelt werden konnte. Bravo!

Und Karin? Sie schreibt mir noch am selben Tag:

> «Ja, nun bin ich wieder in Vechta. Erst mal vielen Dank, daß Sie zum Termin gekommen sind und daß wir miteinander ein paar Worte wechseln konnten. Es tat mir sehr gut. Nun kann ich nur noch hoffen, daß ich so schnell wie möglich zur Therapie komme, trotz des Fluchtversuchs. Für heute habe ich erst mal Freizeitsperre. Weitere Maßnahmen werden durch den zuständigen Richter angeordnet. Ein anderer Arbeitsplatz (wann?) wird mir aus Sicherheitsgründen auch zugewiesen. Ich könnte vielleicht über die Mauer springen, obwohl ich in Sport eine Niete war und mir außerdem kein Klettergerüst zur Verfügung steht. Was mich echt hart trifft, denn wir hatten auch

ein sehr gutes Arbeitsklima. Auch mit der zuständigen Arbeitsbeamtin kam ich sehr gut aus. Nun, ich kann es nicht mehr ändern. Es ist einfach so über mich gekommen. Ich habe echt mit mir gekämpft. Als ich dann das Haupttor zur Freiheit sah, war mein Freiheitsdrang stärker als der Wille, keinen Fluchtversuch zu unternehmen. Wäre meine Arbeitsbeamtin, zu der ich Vertrauen habe und mit der ich über alles reden kann (es gibt in Vechta nur wenige davon) mit zum Termin gekommen, dann wäre alles in Ordnung gewesen. Aber diese Beamtin, die mich heute auf den Termin begleitet hat, ist falsch wie die Nacht.

Sie meinte auch gleich nach dem Fluchtversuch zu mir, daß sie eine Meldung über die Worte, die wir miteinander gewechselt haben, schreiben würde. Daß das Urteil ein Fehlurteil sei und sie mit Sozialarbeiterinnen immer nur Ärger hätte.

Übrigens unser gemeinsames Gespräch hätte jeder mithören können, denn es entsprach der absoluten Wahrheit. Nun ja, ich muß mich jetzt mit dem ganzen Scheiß, der eventuell noch auf mich zukommt, abfinden. Vorerst kann ich erst mal wieder ausgiebig schlafen.

In der Hoffnung, daß wenigstens *Sie* mich so einigermaßen verstehen können, grüße ich Sie ganz herzlich.»

Von Vechta nach Hannover braucht der Brief zwanzig Tage. Da haben wohl erst verschiedene Leute überlegen müssen, ob er nichts Verdächtiges enthielt.

Beim Lesen des Briefes fällt auf, wie normkonform Karin noch (oder schon?) über ihr eigenes Verhalten urteilt: «Ich habe echt mit mir gekämpft ... es ist so über mich gekommen ... mein Freiheitsdrang war stärker als mein Wille ...»

Daß sie aufs Glatteis geführt wurde, hat sie gar nicht gemerkt. Und daß der Freiheitsdrang in diesem speziellen Fall – 30 cm von der offenstehenden Tür zur Freiheit entfernt (!) nur ein Zeichen von restlicher Vitalität ist, erfüllt sie letztlich noch mit Reue. Sie hat die Normen des althergebrachten und zerstörenden Knastes voll internalisiert. Man flieht nicht – auch nicht, wenn einem das Wasser bis zum Hals steht und viele Monate Eingesperrtsein vor einem liegen.

Drei Wochen später findet der nächste Gerichtstermin statt. Diesmal geht es um den angeblichen Diebstahl zweier Biergläser, eines Aschenbechers, räuberischen Diebstahls eines T-Shirts für 19,80 DM,

Bedrohung eines Verkäufers mit einem Messer und Einbruchsdiebstahl. Beute: ein Kasten Bier.

Ein paar Tage zuvor setze ich mich mit dem Richter in Verbindung. Es ist diesmal ein anderer. Was man machen könne, will ich von ihm wissen, ob Karin nicht noch irgendwelche Chancen eingeräumt bekommen könne. Ich will auch gern behilflich sein, wenn ich kann ... Eigentlich bin ich ratlos. Ich erhoffe von dem Gespräch ein gegenseitiges Abwägen, Überlegen. Ich hoffe auf «irgendeine» – wie auch immer aussehende – Lösung, um die Talfahrt zu bremsen. Mir fällt auch nichts mehr ein – zumal wenn jeder positive kleine Ansatz durch erneute Verhaftung, Inhaftierung und Aburteilung zunichte gemacht wird.

Der Richter ist sehr interessiert. Er hört mir zu. Aber im Gegensatz zu mir ist er sicher, verdammt sicher. Er kennt Karins Ruf, und er kennt sie persönlich. Angeblich habe sie schon mal einen seiner Kollegen, der sie abgeurteilt hat, bedroht. Darum sei er jetzt eingesetzt worden. Für ihn gibt es nur glasklare Fakten: die Taten – davon zwei mit Gewalt, und für die gibt es eben «Zuschlag». Aber ich könne doch zum Verfahren kommen, ich könne mit meinem Wissen zum Prozeß beitragen – als «gutachterliche Zeugin». Vielleicht würde das zur Wahrheitsfindung beitragen. Vielleicht auch der Klientin nutzen.

Was der Unterschied zwischen gutachterlicher Zeugin und Gutachter sei? Als Gutachterin bekäme ich Honorar – aber das müsse ja nicht sein! Ich sage (trotzdem) zu. Als er aber noch einen «schönen ausführlichen Bericht für die Akten» möchte, lehne ich ab. Wozu? Die Akten sind dick genug.

Der neue Termin bietet etwas Neues: Karin wird gefesselt vorgeführt. Diesmal begleiten sie *vier* Beamte. Diese Gefangene ist dem Strafvollzug offenbar einiges wert. Die Handschellen werden Karin erst auf der Anklagebank abgenommen. Wir nicken uns nur zu. In der Verhandlung stellt sich dann alles als gar nicht so schlimm heraus. Ob Aschenbecher und Biergläser wirklich aus dem Kaufhof-Restaurant geklaut sind, ist gar nicht sicher. Karin, die keine Skrupel hat, Taten zuzugeben, die sie wirklich begangen hat, fragt, wozu sie wohl einen Ascher klauen sollte. Sie benutze doch ohnehin nur «den Großen». Und Biergläser? Wozu? «Ich trinke aus der Flasche. So was brauche ich nicht.» Beides scheint zu überzeugen.

Das T-Shirt hat sie sich aus einem drehbaren Ständer «ausgesucht», der in der Fußgängerzone vor einem Geschäft stand. Sie hat das Kleidungsstück über einen Bügel gewickelt und in den Anorak gesteckt. Eine Verkäuferin hat sie dabei beobachtet, angerufen, und als Karin nicht reagierte, ist sie hinter ihr hergelaufen und wollte sie am Arm festhalten. Festgehalten werden ist für Karin ein Alarmsignal: sie schlägt zu – mit dem umwickelten Bügel. Ob es sehr weh getan hätte, fragt der Richter die geladene Zeugin. Diese verneint, sie habe sich nur erschreckt. Aber durch den Schlag war für Karin aus einem einfachen Diebstahl ein Raub geworden. Und dafür gibt es «nicht unter einem Jahr».

Die Verhandlung plätschert so dahin. Als letzte «Zeugin» bin ich dran mit meinem unbezahlten Gutachten. Dann ist Verhandlungspause. Karin wird sofort wieder gefesselt. Alle verlassen den Saal. Als Karin an mir vorbeigeführt wird, zerren zwei Beamte sie weiter. Oder besser: sie versuchen es. Karin bleibt stehen, versucht mir die gefesselten Hände hinzuhalten. Aber auch begrüßen dürfen wir uns nicht. Die Beamten zerren an Karin, die weibliche Beamtin – dieselbe wie vor drei Wochen, reißt Karins Hände zurück. Das Ganze läuft unter lautem Geschimpfe und Geschreie aller Beteiligten ab. «Lassen Sie mich doch, ich will doch nur guten Tag sagen», rufe ich und «Hände weg» und «Nun kommen Sie endlich» schreien die Beamten. Das Ganze geht mehrere Minuten lang. Als Rechtsanwalt, Richter und Staatsanwalt sich feixend an diesem entwürdigenden Schauspiel vorbeischieben, verliere ich fast die Haltung. Ich sehe in ihren Gesichtern, wie sie denken: Pack schlägt sich, Pack verträgt sich. Sie stehen sehr weit über uns. Und so hält auch keiner dieser Hausherren es für nötig, schlichtend einzugreifen. Die Kluft ist unüberbrückbar.

Eines nehme ich aus diesem Erlebnis mit: ich habe tiefes Verständnis dafür erworben, daß ein derart bedrängter, entwürdigter Gefangener sich wehrt, aggressiv wird, auch zuschlägt. Dafür, daß er letztlich doch den kürzeren zieht, ist schon rein zahlenmäßig gesorgt: vier zu eins. Vier deutsche Beamte auf der Seite des Rechts gegen eine Pennerin, die ohnehin nur Missetaten vollbringt.

Resozialisierung? Das ist brutale und sinnlose Machtausübung, und die geistige Elite schiebt sich grinsend vorbei. Ein Spiegelbild unseres gesellschaftlichen Lebens – aber mit Sicherheit kein Nährboden für das Erlernen oder Wiedererlernen von sozialem Verhalten, von Rücksicht, von menschenwürdigem Miteinander. Hier wird vorgeführt: wenn du etwas durchsetzen willst, übe Gewalt aus: Stimmgewalt, körperliche Gewalt, Gewalt kraft Amtes ... Karin beherrscht diese «Normen» aber schon seit langem. Es sind die gleichen, die sie in den Heimen, in der Pflegestelle, in der Psychiatrie gelernt hat. Es ist nur noch Wiederholung und Nachhilfe. Nur steht sie auf der anderen Seite des Flusses – und so ist das gleiche Verhalten bei ihr «kriminell», während es bei ihren Vorbildern bezahlte Berufsausübung ist.

Was haben die Beamten eigentlich bei diesem Händedruck befürchtet? Daß ich Karin etwas in die Hand drücke? Eine Handgranate, Medikamente, ein alkoholisches Trösterchen, einen Kassiber? Alles Blödsinn – schließlich waren ihre Hände gefesselt – sie hätte zwar etwas greifen, nicht jedoch wegstecken können.

Nein, es ging ums Prinzip. Es ging darum zu zeigen, wer hier das Sagen hat. Da kann nicht so einfach zu jedem Termin jemand gelaufen kommen und sich dann auch noch gutachterlich einmischen. Und dann auch noch freundlich sein bei einer Gefangenen, bei der ohnehin immer nur Fehlurteile gefällt werden. Da muß draufgehauen werden.

Ich koche vor Wut. Ich kann mich tagelang nicht beruhigen. Allen möglichen Leuten erzähle ich davon. Ich will und kann es einfach nicht wahrhaben. Es bringt meine bisherigen Erfahrungen und meinen Glauben und mein Wissen über «humanen Strafvollzug» und über korrektes Verhalten von Beamten durcheinander.

Karin bekommt bei diesem Verfahren fünfzehn Monate mit Unterbringung in einer psychiatrischen Anstalt. Auf die Unterbringung in der «Fachklinik für Suchtkranke» muß sie warten. «Eine Verlegung wird nicht vorbereitet», schreibt Karin. «Irgendwann werde ich von einer Beamtin aufgefordert, meine Sachen zu packen, und ab geht es.»

Solange bleibt sie vorerst im Gefängnis. In dieser Zeit will ich nichts unternehmen. Ich kann mir vorstellen was passiert, wenn ich eine dicke Beschwerde schreibe. Karins Knastalltag wird nicht einfacher werden. Der kleinen Schikanen sind so unendlich viele!

Aber auch für Karin ist die Angelegenheit noch lange nicht abgeschlossen – sie hat noch viele böse Konsequenzen. Die Folge des «Fluchtversuchs» war außer dem Arbeitsentzug eine vierwöchige «Freizeitsperre» – angeordnet vom Gericht.

Karin schreibt dazu fünf Wochen nach dem Vorfall:

> «Ja, an meinem Fluchtversuch habe ich noch sehr viel zu knacken. Richter H. hat vier Wochen Freizeitsperre angeordnet. Gegen diesen Beschluß habe ich zwar sofort Einspruch erhoben, aber noch nichts weiter gehört. Seit heute, dem 27. 12. bin ich in Hungerstreik getreten, um auf meine ungerechte Bestrafung hinzuweisen. Auch Richter H. habe ich von meinem Hungerstreik in Kenntnis gesetzt.
> Mein Schreiben vom 14. 12. an Richter H. lautet: ‹Gegen den Beschluß vom 9. 12. 82 lege ich ein Veto ein. Ich bin der Meinung, daß man mich mit der Arbeitsentziehung und der Folterei der Beamten in bezug auf brutale Anlegung von Handschellen genug bestraft hat. Der Ar-

beitsentzug hat zur Folge, daß ich praktisch Einkaufssperre habe, da ich über kein Eigengeld verfüge. Bei der
Verhandlung wurde ich auch in der Art bestraft, daß mir
untersagt wurde, mit meiner langjährigen Betreuerin
Frau Swientek ein paar Worte zu wechseln. Ein kleines
Gespräch mit Frau Swientek hätte mir sehr geholfen.
Nun, diese Gelegenheit ist vertan, da Frau Swientek aus
beruflichen Gründen mich hier in Vechta nicht besuchen
kann. Ich bin also durch Arbeitsentzug, Einkaufssperre,
brutale Fesselung sowie Kontaktsperre bestraft – a) in
bezug auf Frau Swientek, b) dahingehend, daß ich mir
keine Briefmarken kaufen kann und so meine Korre-
spondenz und soziale Beziehungen abbrechen muß. Da
ich eine Einzelzelle bewohne, hat Ihre Anordnung be-
züglich Freizeitsperre für mich vier Wochen totale Isolation zur Folge.
Hiermit beantrage ich, die vier Wochen auf vierzehn
Tage herabzusetzen bzw. die Freizeitsperre aufzuheben.
Schließlich habe ich am 24. 11. 82 kein Staatsverbrechen
begangen, sondern nur aus einem inneren Zwang und
Freiheitsdrang, der nicht mehr zu bremsen war, einen
Fluchtversuch unternommen!›»

Und dann kommt es am 30. 12. 1982 zu einem weiteren Vorfall. Karin
schreibt dazu an mich:

«In der Zwischenzeit ist hier so einiges Negative passiert
und zwar wurde ich am 30. 12. 82 vom Rollkommando
aus dem Männerknast mit herumgedrehten Armen auf
den Rücken gleichzeitig mit Tritten an Kopf und ins Gesäß in die Absonderung (Bunker) geschleift. Ich habe
zwar sofort beim Anstaltsleiter eine schriftliche Beschwerde hinterlegt, aber bis heute hat er sich dazu noch
nicht geäußert. Sehr wahrscheinlich ist die Beschwerde
unter den Tisch gefallen. Das Rollkommando wurde geholt, weil ich mich weigerte, in meine Zelle zu gehen,
denn meine Zellengenossen hatte man in eine andere
Zelle verlegt, so daß ich bis heute isoliert war.
Ab morgen kann ich wieder an den Freizeitgestaltungen
teilnehmen. Richter H. hat sich auf meinen Einspruch
nicht mehr gemeldet. Ich hatte den Richter auch von
meinem Hungerstreik in Kenntnis gesetzt, auch das hat
er vollkommen ignoriert.

Nach sieben Tagen habe ich den Hungerstreik abgebrochen, denn wie Sie ja schon schrieben, hat der Knast nicht reagiert, ich wurde höchstens noch von den Beamten beleidigt ... Ich habe den Eindruck, daß man mich psychisch fertigmachen will. Bald haben die Leute von der Justiz es geschafft, denn zur Zeit bin ich wieder sehr stark deprimiert ...

Sylvester war ich total isoliert, während sich meine Mitgefangenen beim Fernsehen amüsierten. Auch Neujahr war ich den ganzen Tag unter Verschluß. Arbeit habe ich auch noch nicht wieder bekommen und da ich diesen Monat keinen Einkauf habe, kann ich jede Briefmarke gut gebrauchen ...»

Gleichzeitig schreibt Karin einen Beschwerdebrief an den Präsidenten des Justizvollzugsamtes:

«Am 30. 12. 82 gegen 21 Uhr 30 wurde ich von drei Beamten des Rollkommandos mit herumgedrehten Armen auf dem Rücken, gleichzeitig mit Tritten an Kopf und ins Gesäß in die Absonderung (Bunker) geschleift. Auch wurde ich kräftig an den Haaren gezogen, was besonders schmerzte, da ich am Kopf sehr empfindlich bin. An der hinteren Kopfpartie hatte ich Beulen, mein linkes Handgelenk schmerzt immer noch. Der Arzt hat eine Sehnenzerrung festgestellt, die auf die brutale Behandlung durch das Rollkommando zurückzuführen ist. Auch mein seelischer Zustand hat sich durch diese bestialische Behandlung des Rollkommandos wesentlich verschlechtert. Von Menschenwürde und Menschlichkeit kann hier keine Rede mehr sein, eher Erniedrigung und Herabwürdigung eines Menschen. Auch ich bin ein Mensch. Daß ich in die Absonderung gebracht wurde, mag ich noch hinnehmen, aber ich protestiere hiermit aufs schärfste gegen die Brutalität. Ich bin nicht bereit, diese Foltermethoden stillschweigend hinzunehmen und verlange Aufklärung des Vorfalls.»

Die Antwort kommt postwendend. (Siehe folgende Seite)
Auch an den Präsidenten des Niedersächsischen Landtages schreibt Karin über einen ihr namentlich bekannten Abgeordneten. Von dort wird ihr lediglich die Eingabenummer mitgeteilt auf einem Vordruck des «Ausschuß für Rechts- und Verfassungsfragen».

**Der Generalstaatsanwalt Oldenburg**

Postanschrift:
Der Generalstaatsanwalt, Postfach 2431, 2900 Oldenburg

Frau
Karin P██████
Justizvollzugsanstalt
Postfach 1403

2848 Vechta

| Ihre Zeichen, Ihre Nachricht vom: | Geschäfts-Nr. (Bitte stets angeben) | Telefon: (0441) 220-1 Durchwahl: 220- 47░ | Datum: |
|---|---|---|---|
| | Zs ░9/83 - 2 - | | 11. März 1░8░ |

Betr.: Ermittlungsverfahren gegen die Justizbeamten
Hans-Joachim ████████, Wilfried ████████ und Karl-Heinz ████
wegen Körperverletzung im Amt und Nötigung zu Ihrem Nachteil
– 108 Js 2591/83 Staatsanwaltschaft Oldenburg –

Bezug: Ihre Beschwerde ohne Datum, eingegangen am 17.02.1983

Sehr geehrte Frau P██████!

Auf Ihre Beschwerde, die sich gegen den Bescheid der Staatsanwaltschaft Oldenburg vom 09.02.1983 richtet, habe ich den Sachverhalt
überprüft, jedoch keinen Anlaß gefunden, den angefochtenen Bescheid
zu ändern oder aufzuheben. Er entspricht der Sach- und Rechtslage.

Zutreffend wird in dem Bescheid, auf den Bezug genommen wird, davon
ausgegangen, daß gegen die Beschuldigten kein hinreichender Tatver-
dacht besteht, bei Ihrem Verbringen in die Zelle eine Straftat begangen zu haben. Nach den übereinstimmenden Angaben der drei Beschuldigten ist es nicht zu einer Mißhandlung gekommen; Ihnen gegenüber
sei unmittelbarer Zwang lediglich in der Form eines sog. Transport-
griffes angewandt worden, ohne daß dabei größere Schmerzen hätten
entstehen können; der Einsatz dieser körperlichen Gewalt sei erforderlich gewesen, um Ihnen eine Glasscherbe abzunehmen; denn Sie
hätten diese zuvor an den Hals gehalten und gedroht, sich damit selbs
zu verletzen. Diese Darstellung erscheint glaubhaft; denn sie wird
durch die Aussage der Zeugin Nehues bestätigt. Ihre Angaben sind dem-

– 2 –

Dienstgebäude:
Mozartstraße 5

Sprechzeiten:
Montag - Freitag
von 9 - 12 Uhr

Telex:
25772 staold d

Kontoverbindungen:
Oberjustizkasse Hannover
PSchA Hannover Konto-Nr.: 5176 - 300
(BLZ 250 100 30)

JVA.W. D 1

gegenüber nicht geeignet, diese Schilderung zu widerlegen; sie erscheinen weniger zuverlässig, weil sie zum Teil widersprüchlich sind; so werden in dem Schreiben vom 09.01.1983 an den Präsidenten des Justizvollzugsamtes Celle u. a. Tritte gegen Ihren Kopf behauptet; von einem derartigen Angriff aber ist in der Strafanzeige vom 12.01.1983 keine Rede.

Bei dieser Sachlage war das Vorgehen der Beschuldigten gerechtfertigt; es war geboten, um zum einen eine gegenwärtige Gefahr für Sie abzuwenden, zumal Sie nach Ihrem eigenen Vorbringen nach einem Hungerstreik nervlich geschwächt waren, zum anderen aber auch, um rechtswidrige Taten zum Nachteil der JVA-Angehörigen zu verhindern (vgl. § 98 Strafvollzugsgesetz).

Ich weise Ihre Beschwerde deshalb zurück.

Gegen diese Entscheidung steht Ihnen das aus der Anlage ersichtliche Rechtsmittel zu.

Hochachtungsvoll
H ö s e

Beglaubigt
~~████████~~
Justizangestellte

Mehr geschieht nicht. Der mächtigere Strafvollzug wird immer Möglichkeiten haben, sich zu wehren – die Mehrheit kann herbeigeführt werden, der einzelne Gefangene ist nicht mehr in der Lage, seine Rechte durchzusetzen.

Was soll eigentlich im Endeffekt bezweckt werden? Resozialisierung? Nacherziehung? Lebensertüchtigung? Alle Maßnahmen – aber ohne Ausnahme alle! – widersprechen eklatant einem wie auch immer gearteten Erziehungsgedanken. Arbeitsentzug als Strafe, nachdem eine Gefangene sich sozial und leistungsmäßig in Gruppe und Arbeitsprozeß einfügt, ist nicht nur sinnlos, sondern schädigend – zumal wenn es sich um einen Menschen handelt, der «draußen» keiner Arbeit mehr nachgeht und nur durch eine «Kasernierung» an den Arbeitsprozeß und Arbeitsrhythmus überhaupt herangeführt werden kann. Absonderung bei sozial unterentwickelten Menschen hat dieselbe Wirkung: es wird das Gegenteil von dem erreicht, was erreicht werden soll. Und dieselbe Brutalität, die Aggressivität, das physische Schädigen eines Menschen – hier vorgeführt als *die* Maßnahme der

Wahl, rechtlich gebilligt, ja angezeigt – für die die Gefangene im Straf-vollzug einsitzt, kann nur weitere Aggressivitäten zur Folge haben, Haß, Rachegedanken, Selbstzerstörung. Der Kreis ist geschlossen, das Rad dreht sich – die nächste Straftat ist im Keim schon angelegt!

Sechs Wochen nach diesen Vorfällen wird Karin aus der Straf-anstalt verlegt. Da in der Trinkerheilanstalt angeblich noch kein Platz im Sicherungstrakt frei ist, kommt sie in ein Psychiatrisches Landes-krankenhaus. Obwohl sie auch dort «Gefangene» ist, atmet sie zu-nächst einmal auf.

Diese Gefängniserfahrungen waren nicht Karins erste. Ihre Knast-karriere begann 1970 mit einer Inhaftierungsnacht. Sie war wiederholt auf dem Bahnhof von Polizeibeamten kontrolliert und mitgenommen worden, bis sie dann Bahnhofsverbot bekam. Dieses «Hausverbot» mißachtete sie und bekam eine Anzeige wegen Hausfriedensbruchs nach der anderen. Manchmal waren es mehrere pro Tag – ein richtiges Spielchen zwischen den Bahnpolizisten und ihr.

Die erste Nacht im Gewahrsam hatte Wirkung – sie war damals für Karin ein Signal zur rechten Zeit. Erst ein halbes Jahr später wird die eigentliche kriminelle Serie eröffnet: ein gemeinsamer Tankstellen-diebstahl (nach dem Karin sich so unwohl fühlt, daß sie sich stellt und sich beim Tankwart entschuldigt!), dann folgen gemeinschaftliche Diebstähle in Kaufhäusern, bei denen sich Karin auch prompt jedes-mal erwischen läßt. Einer siebenwöchigen Untersuchungshaft folgt eine Verurteilung zu einem Jahr Gefängnis, die zur Bewährung ausge-setzt wird. Eine intensive Betreuungsarbeit von seiten des «Sozial-dienst katholischer Frauen», sehr viel guter Wille bei Karin, feste Ar-beit und ein fester Wohnsitz sorgen dafür, daß die Bewährungszeit durchgehalten wird.

Doch Karin wird immer wieder von ihren Aggressionen und dem Alkohol überrollt. Sie verliert nach fast einem Jahr ihre Stellung – und damit wieder ein Stück Boden unter den Füßen. Durch zwei Alkoho-liker-Entziehungskuren, die sie freiwillig unternimmt und bei denen sie sich wohl fühlt, wird alles noch einmal aufgeschoben. Dann wech-seln bald Selbstaggressionen, Alkohol- und Medikamentenmiß-brauch einander ab. Unter Alkohol begeht sie einige Sachbeschädi-gungen – insbesondere bei «Zusammenstößen» mit der Polizei, Ord-nungswidrigkeiten, die Bußgeldverfahren nach sich ziehen – aber sechs Jahre vergehen ohne wesentliche rechtliche Konsequenzen. In diesen Jahren arbeitet Karin, hat schwere depressive Phasen mit vie-len Suicidversuchen, die stets sehr spektakulär ablaufen. Aufenthal-ten in verschiedenen Nervenkliniken unterbrechen immer wieder ihr sonst einigermaßen geregeltes Leben.

Aber dann häufen sich plötzlich die Delikte: Sachbeschädigung, Kaufhausdiebstähle, unbezahlte Taxis – fast alles im Zustand der Volltrunkenheit, kaum etwas davon unter zwei Promille. Fast sieben Jahre nach ihrer siebenwöchigen U-Haft sitzt Karin wieder ein, wie es im Fach-Jargon heißt – zunächst in Untersuchungs-, dann in Strafhaft.

Sie schreibt dazu in ihrem Lebenslauf:
«Die Strafanzeigen gegen mich vermehrten sich und am 25. 1. 1979 wurde ich dann von dem Bullen D. festgenommen, weil ich ihm angeblich in die Fresse geschlagen haben soll. Daß ich vorläufig nicht mehr die Freiheitsluft atmen würde, wurde mir klar, als ich meine Strafanzeigen im Kopf so nachrechnete. Die 30 Strafanzeigen gegen mich liefen auf Diebstahl, Sachbeschädigung, Betrug, Körperverletzung, Beleidigung, Hausfriedensbruch und Widerstand gegen die Staatsgewalt. Im Februar 1979 hatte ich dann die erste Verhandlung und wurde wegen fahrlässigem Vollrausch zu 200 DM Geldstrafe à 5 DM Tagessatz (40 Tage) verurteilt. Genau fünf Monate saß ich in der JVA Vechta in Untersuchungshaft, als ich dann auf Antrag meines Pflichtverteidigers Haftprüfung hatte, worauf mich der Richter mit Auflagen (dreimal in der Woche Meldepflicht bei den Bullen und Anmeldung eines Wohnsitzes) und mit der Bemerkung, daß ich nüchtern zum Termin erscheinen soll, wieder auf die Gesellschaft losließ.»

Karin bezieht ein Zimmer in einer Frauenunterkunft – ansonsten hält sie sich nach wie vor bei den Stadtstreichern in Bahnhofsnähe auf und lernt dort auch ihren festen Freund Uwe kennen. Gleichzeitig bemüht sich ein junger Mann von der «Intermission» («Was es genau sein soll, ist mir noch nicht ganz klar geworden, aber es muß was mit Gott zu tun haben», schreibt Karin) um sie, bringt sie zu Terminen, schaut nach ihrer Post an Tagen, an denen sie dazu nicht in der Lage ist. Denn Karin wartete auf ihre Gerichtsvorladung.

«Inzwischen habe ich von meinem Anwalt Bescheid bekommen, daß meine Sache eingestellt wurde. Nun konnten mich auch die Bullen am Arsch lecken, denn ich war frei und hatte nichts mehr zu befürchten ...
Es ging auch eine Weile ganz gut, bis Monika und ich am 4. 12. 79 festgenommen wurden, angeblich wegen Raubes. Am 4. 2. 80 haben Monika und ich am Landgericht

Termin gehabt, und der Raub wurde als Diebstahl runtergedrückt. Dank meines Anwaltes B. wurde ich zu 1200 DM Geldstrafe verdonnert, die ich durch meine zweimonatige U-Haft abgesessen hatte. Monika bekam vier Wochen Arrest. Auch die waren abgegolten, so daß wir entlassen wurden und sogleich den Kontakt mit den Pennern wieder aufnahmen ... Wir waren wieder jeden Tag besoffen, bis ich am 4. 3. 80, genau vier Wochen nach meiner zweiten Entlassung aus dem Knast, abermals festgenommen wurde. Mit mir wurden auch Uwe und Eddy verhaftet. Einen Tag später auch noch Frank und Fred. Uns wurde Raub und schwere Körperverletzung vorgeworfen. Ich bekam auf Wunsch wieder Rechtsanwalt B. Am 22. 7. 80 hatten wir am Amtsgericht vor einem Schöffengericht Termin. Leider konnten wir den Staatsanwalt und auch den Richter H. vergessen, denn die waren sehr voreingenommen von uns. Uwe wurde zu 18 Monaten, Fred zu sechs Monaten, Eddy zu fünf Monaten und ich zu zwölf Monaten verknackt.

Unsere Rechtsanwälte sind in Berufung gegangen. Und nun sitze ich weiterhin in U-Haft und warte auf den Tag, wo ich auch einmal entlassen werde, denn ich habe Sehnsucht nach der Passerelle, nach den Pennern und nach dem Alkohol.»

«Der Richter scheint ein Wahrsager zu sein», schreibt Karin nach der Gerichtsverhandlung in einem Brief, «denn er sagte mir auf den Kopf zu, daß ich doch wieder straffällig würde, daher habe ich auch keine Bewährung bekommen ... Ich selbst weiß, wenn ich meine ganze Energie einsetze, daß ich dann wieder den Aufstieg schaffe». (24. 7. 1980)

An dieser Gerichtsverhandlung nimmt auch der Redakteur der *Hannoverschen Presse* Karl-Richard Würger teil. Er berichtet: «Karin hatte mich als Journalist angesprochen. Sie wollte, daß meine Zeitung über ihren Fall und ihren Prozeß berichtet. Sie war dabei sehr hartnäckig. Ich versuchte ihr klarzumachen, daß ihr Fall im Grunde genommen ein ganz normaler Fall im Gerichtsalltag ist. Sie war angeklagt wegen Bagatelldelikten – vielleicht ein Dutzend wie z. B. Schwarzfahren, Diebstahl einer Cola – alles so auf dieser Ebene.

Ich habe dann an dieser Verhandlung teilgenommen – aber nicht als Journalist, sondern als Bekannter von Karin, und saß zusammen mit

Leuten aus diesem Milieu, die Karin mobilisiert hatte. Die sollten ihr offenbar die Sicherheit vermitteln. Der Richter war wenig erfreut darüber, denn kaum hatten diese Leute, die erkennbar aus dem Pennermilieu stammten, Platz genommen und ihre ersten ganz normalen Äußerungen von sich gegeben, forderte er sie auf, sofort den Mund zu halten, sonst würde er räumen lassen. Ein Verfahren, das ganz unüblich ist. Er hat die Zuschauer eingeschüchtert und zugleich Karin damit auch provoziert, denn es war ein Auftritt für sie. Sie hat tagelang davon gesprochen und sie war das, was sie sonst nicht ist – sie war Mittelpunkt, und sie hoffte wohl auch auf die Gelegenheit, ihr Leben oder Teile ihres Lebens darzustellen. Das kam aber gar nicht dazu, denn der Richter war offenbar bestrebt, sie schnell abzufertigen und hat das getan mit einer Sprache und einer Kälte, die ich bis dahin eigentlich nicht für möglich gehalten habe. Er hat weder versucht, Karin in ihrer desparaten Situation zu verstehen, noch etwas über die Beweggründe zu erfahren, noch sich Mühe gemacht, die zum Teil wenig eloquenten Erklärungsversuche von Karin in einen Zusammenhang zu bringen und sie richtig zu deuten, sondern es war ganz offenkundig, daß er bestrebt war, Karin klein zu machen.

Ich kann das vielleicht am besten an einem Beispiel verdeutlichen: Karin war unter anderem wegen Schwarzfahrens mit der Straßenbahn angeklagt. Sie lebte zur Zeit der ‹Tat› 15 km außerhalb von Hannover in einer Schlichtwohnung, mußte aber zu ihren Freunden den Pennern, die sich unmittelbar in der Innenstadt aufhielten, mit einem öffentlichen Nahverkehrsmittel fahren. Sie hatte aber das Geld nicht. Der Richter ironisierte diesen täglichen Konflikt, indem er sie fragte: hätten Sie nicht zu Fuß gehen können. Und das ist natürlich für jemanden, der nichts hat als die Leute im Milieu, die er braucht, um zu überleben – wo man eben den Schluck Wein kriegt, den man braucht, wenn man alkoholkrank ist, da gibt es die Zigaretten, die man sich eben nicht als Zweitpackung von der Sozialhilfe kaufen kann ... All dies wollte er nicht begreifen, obwohl das alles so offenkundig, so naheliegend war. Es war eine ganz fürchterliche Verhandlung, fürchterlich, weil herzlos, fürchterlich, weil gewollt unverständig, fürchterlich, weil feindselig der Angeklagten gegenüber.

Wie unterschiedlich vor Gericht verhandelt wird, ist mir schlagend deutlich geworden. In der Woche, in der Karins Sache verhandelt wurde, ist vor der Großen Strafkammer in Hildesheim ein Prozeß gegen einen Bankdirektor gelaufen, der im Verdacht stand, mehrere Millionen veruntreut zu haben. Die atmosphärische Qualität der Verhandlung unterschied sich ganz gravierend im Stil von der Verhandlung, die Karin hat hinnehmen müssen. Da wurde dem Angeklagten, der stets höflich angeredet wurde, sehr wohl die Möglichkeit gegeben, auszureden, sehr wohl die Möglichkeit gegeben, sich zu erklären. Da ging man respektvoll miteinander um und da war eben nicht das kleine Würstchen, dessen Leben zur Disposition stand, sondern da war ein Bankdirektor, der aus der gleichen gesellschaftlichen Schicht wie seine Richter gekommen ist. Es waren verschiedene Gerichte, verschiedene Situationen – Klassenjustiz.»

Ich frage: «Wie hat Karin sich bei dem Prozeß benommen?»

Würger: «Karin ist sehr aufgeregt gewesen. Sie war nach meiner Einschätzung eigentlich bestrebt aufzuklären, darzulegen, warum sie straffällig geworden ist. Aber sie hat es in ihrer eigenen Sprache getan. Aber es war erkennbar, daß sie davon ausging, daß der Richter sie auch irgendwie als Person begreifen würde. Und sie hat das anfänglich offenbar gar nicht begriffen, erst als man ihrer Bitte, die Toilette benutzen zu dürfen, nur sehr zögernd nachkam und sie dann auch noch begleitete von zwei Justizbeamten. Da hat auch Karin begriffen, daß hier gegen sie und nicht über sie verhandelt wird. Auf jeden Fall wurde dieser Gang über Gebühr kontrolliert, obwohl jedermann offenkundig war, daß Karin wohl weniger ihre Notdurft verrichten wollte, sondern vielmehr sich erhoffte, bei diesem Gang außerhalb des Gerichtssaales irgendwo einen Schluck Alkohol trinken zu können – draußen auf dem Gang, wo Leute aus dem Milieu standen, die Alkohol dabei hatten. Es wäre nach meiner Einschätzung auch die richtige Entscheidung gewesen, ihr zu ermöglichen, einen Schluck zu trinken. Karin ist immerhin alkoholkrank und hatte erkennbar Entzugserscheinungen, wohl auch unter dem Druck der Ereignisse, und ein Schluck hätte ihr ganz sicherlich geholfen, Kraft zu sammeln. Aber sie wollten sie quälen und sagen, du wirst hier nichts trinken, weil wir das nicht wollen.

Sie haben ihr dann eine Strafe aufgedrückt, die mich fassungslos gemacht hat. Sie haben sie für fünfzehn Monate hinter Gitter geschickt auf Grund von Delikten, wo andere Leute mit heiler Haut rauskommen würden. Es war unglaublich!»

Als Karin nach dieser Verhandlung dann in die Berufung geht, schreibt sie an mich. Die weiteren Justizereignisse erlebe ich dann aus eigener Anschauung mit – teilweise sogar körperlich.

Wie viele Vorstrafen hat Karin nun eigentlich? Spielt es unter diesen Umständen noch eine Rolle, wo sie Gewalt ausübt und mit Gewalt gemaßregelt wird? Es sind immer wieder dieselben Delikte, immer wieder der gleiche Alkoholpegel, immer wieder die gleichen Richter und dieselben Vollzugsanstalten mit denselben Beamten, derselben Aggressivität, derselben Menschenverachtung, denselben

Vernehmung zu einer Sachbeschädigung

untauglichen Mitteln, einen Menschen «auf den rechten Weg» zu führen. Noch immer ist Karin nicht «gebessert». Knast jagt ihr Angst ein, weil sie schon zu lange in ihrem Leben eingesperrt war – ansonsten zählt nur das, was vor und nach dem Knast kommt. Dafür lebt sie – und jedesmal hat sie Hoffnungen auf das «Nachher». Ihre schnoddrige Ausdrucksweise ist nicht ihr Wesen – es ist der Versuch, auf die Brutalität der Umwelt, wie sie sie erlebt, adäquat zu reagieren. Nur nicht nachgeben, nicht klein beigeben, keine Schwächen zeigen. Hau drauf, sonst hauen dich die anderen – so wie sie es von Geburt an erlebt hat.

«Ich war jung und kritisch, hatte Sehnsucht und Ängste und wurde von den Wachhunden der Gesellschaft gebissen. Die Wunden heilen unter Schmerzen im Knast, doch die Narben werden mich ein Leben lang zieren» (Tagebuch 1. 8. 1980).

Ob es nun ein paar Vorstrafen mehr oder weniger sind, was spielt das noch für eine Rolle!? In einem der nächsten Verfahren, die mit Sicherheit kommen (zum Zeitpunkt des Schreibens stehen schon wieder einige Verfahren ins Haus!) wird festgestellt werden, daß keine der bisher angeordneten Maßnahmen etwas gefruchtet hat, daß die Probandin sich immer noch nicht gebessert hat, daß auch ihr Alkoholismus die gleiche Qualität wie eh und je aufweist und dann wird man Karin «verwahren». «Sicherungsverwahrung» nennt man das.

Dann sind die geprügelten-prügelnden Polizeibeamten, die süffisanten Juristen, die Kaufhäuser und Kneipen, die Straßenbahngesellschaft – die ganze Gesellschaft (wer auch immer die sein mag!) vor Karin sicher.

Dann hat sie nur noch sich selber als Aggressionsobjekt. Und dort wird dann endgültig gar nichts mehr getan – denn wer sicherungsverwahrt ist, hat die (vorläufige) Endstation aller Bemühungen erreicht, an der ist (angeblich) schon alles erfolglos ausprobiert worden, an der haben Juristen, Pädagogen, Bewährungshelfer, Psychiater schon ihre Munition verschossen. *Wie* sie das gemacht haben, ob all diese Leute überhaupt über die «richtigen» Methoden verfügen, ob es überhaupt «das Richtige» für solche verpfuschten Leben gibt – wer fragt schon danach!? Von Station zu Station nach unten – alle Stationen mit dem Anspruch zu heilen, zu bessern, zu erziehen – und keine Station, die die Langmut, die Geduld, die Demut aufbrachte, mit einem so verkorksten Menschen auf Dauer umzugehen ... Der Mensch, der «draußen» nicht funktioniert und deshalb «eingewiesen» wird, soll nun plötzlich «drinnen» funktionieren, plötzlich weder aggressiv noch autoaggressiv sein, soll gruppenfähig sein, soll willens und motiviert und begierig sein, sich heilen zu lassen – von was? Und vor allem: wofür? Ein paar Tausend Ausgeflippte pro Jahr und pro Institution – und alle funktionieren sie nicht? Oder funktionieren die Institutionen nicht? Schließlich ist das ihre Klientel und noch immer sollen die Haftanstalten für den Gefangenen, die Nervenklinik für den Patienten da sein! Ist alles schon umgekehrt und «passiert» deshalb nichts mehr? Karin ist jetzt 36 Jahre alt. Ein paar neue Verfahren stehen an – vielleicht werden sie als ein Verfahren zusammengezogen – in der Dauer der Haftstrafe wird sich das kaum bemerkbar machen. Noch mal eine – und dann noch eine – und am Ende nur noch sediert und aufbewahrt bis zum bitteren Ende – das für Karin dann vielleicht das süße Ende werden wird.

# VIII. Selbstvernichtung als Selbsterhaltung

«Haben Sie in der Zeitung gelesen? Ich war mal wieder auf dem Kran», fragt Karin mich eines Tages, als wir uns zufällig in der Stadt treffen. Nein, ich habe es nicht gelesen – und Karin beeilt sich, meine Wissenslücke aufzufüllen. Sie «war mal wieder auf dem Kran», das heißt, sie ist in der Innenstadt, für Hunderte von Passanten sichtbar, im Vollrausch auf einen 40 Meter hohen Baukran geklettert und hat von dort oben so gestikuliert, daß jedermann annehmen mußte, diese Frau wolle sich jeden Moment hinunterstürzen. Die Feuerwehr rückte an und holte Karin herunter. Als «Lebensmüde» wurde sie in die Psychiatrie gebracht – wo man sie schon lange kannte und wo man sie «auf eigenen Wunsch» recht schnell wieder ziehen ließ.

Warum sie hochgeklettert ist? So recht kann sie es selber nicht sagen: Mißmut, Überdruß, mangelnde Kontrolle auf Grund des sehr hohen Alkoholspiegels – und irgendwas wollte sie auch noch für ihren gerade inhaftierten Freund erreichen.

Dem Baukran folgt bald das Dach eines Altstadthauses – während sich unten die Menschenmassen auf dem Flohmarkt vorbeischieben – und etwas später ist es dann das Verwaltungsgebäude der Bundesbahn, für das die Drehleiter der Feuerwehr bemüht werden muß.

Es ist immer das gleiche Schauspiel: Karin klettert im Vollrausch, das zahlreiche Publikum erstarrt, die Feuerwehr rückt an, das Bett in der Psychiatrie wird frisch bezogen – und am Tag darauf hat alles wieder seine alte Ordnung: Karin schlendert durch die Straßen der Stadt Hannover – der nächsten autoaggressiven Handlung entgegen. Außer Spesen nichts gewesen!

Karins «Selbstmordversuche» begannen an ihrem 21. Geburtstag, als sie sich alkoholisiert aus dem Dachfenster ihres kleinen Zimmers stürzen wollte und an den Füßen zurückgezogen werden konnte. In den darauffolgenden Jahren hat es kaum ein Quartal gegeben, in dem Karin nicht versucht hat, sich «umzubringen» bzw. in dem Karin sich nicht selber Schaden zufügte. Die Überdosis Beruhigungsmittel, das Anzünden der eigenen Matratze im Wohnheim bei verschlossener Tür, die Kombination von hohen Dosen Schlaf- und Beruhigungsmitteln mit Alkohol, das Aufschneiden von Pulsadern (Karins Arme sind Schlachtfelder voller Schnittnarben und Nahtspuren), das Erklimmen hoher Häuser, Kräne, Türme, der Schnitt mit der Rasierklinge in den Hals ... es fehlt kaum eine der gängigen Methoden der Selbstvernichtung – und es gibt kaum einen Krankenwagenfahrer, der Karin nicht schon per Blaulicht ins Krankenhaus gebracht hat, kein Krankenhaus, in dem sie nicht schon wundversorgt, kreislaufstabilisiert und anschließend auf eigenen Wunsch wieder auf die Straße entlassen wurde – bis zum nächstenmal!

Karins Selbstbeschädigungen haben im Laufe der Jahre eine Wandlung erfahren: sie sind von Mal zu Mal spektakulärer geworden. Vom leisen Tablettenschlucken (allerdings im Kreis von Freunden auf dem Hauptbahnhof, die sie gleich zum Arzt bringen konnten) bis zum aufsehenerregenden Ersteigen des Gerüstes an Hannovers Wahrzeichen, der Marktkirche, liegen viele Stationen.

Für den Außenstehenden können diese autoaggressiven Handlungen nur noch eines bedeuten: Karin demonstriert! Ihre selbstschädigenden Verhaltensweisen sind nie ohne umfangreiche Zeugenschaft. Und wenn sie wirklich dabei sterben wollte, wäre sie lange tot! Karin holt sich auf diese außergewöhnliche Weise ihre Zuwendung, die Aufmerksamkeit, die sie sonst vermißt. Sie hat ihr Publikum, um sie herum ist «action», es passiert was, der allzu trübsinnige Penneralltag hat mal wieder Farbe bekommen, Karin ist für ein paar Stunden im Gespräch – und am nächsten Tag sogar in der Zeitung! Welcher Normalbürger kann das in dieser Regelmäßigkeit schon von sich behaupten!?

Mit Sicherheit spielt dieser Aspekt bei Karins «Selbstmordversuchen» eine große Rolle. Aber auch Selbstmordverhalten ist *erlerntes* Verhalten, und nicht nur Karin hat im Laufe der Jahre gelernt, daß – wenn gar nichts mehr hilft – der Selbstmordversuch die Mitmenschen in Bewegung bringt, das Mitleid und die Tatkraft aktiviert und manchmal tatsächlich etwas geregelt wird, was vorher ohne Aussicht schien.

Aber das Spektakel ist es nicht allein: es gibt Zeiten, da haßt Karin nicht nur ihre gesamte Umwelt, sondern auch sich selber dermaßen, daß sie meint, sich nur noch schädigen, verletzen, vernichten zu können. Sie hat nie gelernt, sich als Mensch zu akzeptieren – vielleicht muß sie sich auch deswegen immer wieder bestätigen: Ich bin schließlich auch ein Mensch! – der Satz, den ich im Laufe der Jahre von Karin am häufigsten gelesen und gehört habe! Die letzten zwanzig Jahre dieses Lebens sind auf Aggressivität gegen sich selbst und gegen andere aufgebaut – teils im Wechsel, teils gleichzeitig. Sie verprügelt auf offener Straße einen Polizeibeamten und schluckt gleich darauf eine Überdosis Medikamente. Sie betrinkt sich sinnlos, wird (auch zum eigenen Schutz) zur Ausnüchterung in Polizeigewahrsam gebracht und muß gefesselt werden, weil unter Alkohol ihre Fremdaggressionen nicht mehr steuerbar sind.

Karin ist voller Wut und voller Haß gegen sich und andere. Sie ist beständig auf der Lauer, wo ihr «Gefahr» drohen könnte und wenn sie sie auszumachen meint, wird sie aggressiv, schreit, schlägt zu. Die negativen Folgen – die Verurteilung wegen Körperverletzung, die In-

# Bange Minuten am Raschplatz:
# Frau in Kranausleger geklettert

### Sie wollte ihren in Haft befindlichen Freund freipressen

**Viele hundert Menschen wurden Sonnabend nachmittag Augenzeugen dramatischer Minuten am Raschplatz: Um ihren angeblich in Untersuchungshaft sitzenden Freund freizupressen, kletterte eine 33jährige Frau auf die äußerste Spitze eines 40 Meter hohen Türmdrehkranes. Sie drohte, herunterzuspringen, falls ihr Freund nicht sofort auf freien Fuß gesetzt werde.**

Feuerwehr und Polizei bemühten sich zunächst vergeblich, die Frau zum Herunterkommen zu bewegen. Weder ein angeforderter Hubschrauber noch eine Hebebühne der Feuerwehr kamen an die Frau heran, die bis in die äußerste Spitze des hoch aufragenden Auslegers geklettert war. Auch der Versuch, den Ausleger abzuschwenken, scheiterte, da der Kranführer nicht aufzufinden war. Vorsorglich richtete die Feuerwehr deshalb ein große Sprungpolster auf, das allerdings bei der Höhe wenig genutzt hätte.

Freunde konnten die 33jährige über ein Megaphon schließlich zum Herunterkommen überreden. Dabei kam es wiederholt zu kritischen Momenten, weil der Frau anscheinend die Kräfte zu verlassen drohten. Nach bangen 20 Minuten hatte sie das Kranführerhäuschen erreicht. Von dort konnte sie eine Leiter benutzen. Die 33jährige wurde in die Nervenklinik nach Langenhagen gebracht. Da sie nach Angaben der Polizei noch nicht ansprechbar ist, konnte bisher nicht ermittelt werden, wo ihr Freund in Untersuchungshaft sitzt. khk

Vierzig Meter über dem Raschplatz: Bis in die Spitze des Kranauslegers ist die 33jährige Frau geklettert. Aufn.: Kallenbach

# Lebensmüde Frau wollte
# sich vom Dach stürzen

Zum **zweiten Mal** haben Feuerwehr und Polizei am Donnerstagabend eine 30jährige Frau, die offenbar unter Depressionen leidet, vor dem Selbstmord bewahrt. Die Frau war auf das **Dach der Bundesbahndirektion** an der Joachimstraße geklettert und wollte hinunterspringen. Es gelang, sie über eine Drehleiter zu bergen. Bereits am 15. Juli hatte die Frau versucht, in der Kramerstraße vom Dach eines Hauses zu springen.

*Hannoversche Allgemeine* vom 13. 4. 1981 und 26. 8. 1978

haftierung wegen Widerstand gegen die Staatsgewalt halten den Teufelskreis ständig in Bewegung.

Karin fühlt sich als Nichts bei gleichzeitigem überkompensierendem Omnipotenzverhalten, mit dem sie sich und anderen zu beweisen versucht, daß sie doch «wer» ist! Den Polizeibeamten «macht sie fertig», dem Richter «sagt sie mal ordentlich die Meinung», im Knast «macht sie alle rund» – und dann steht sie vor den Scherben und hat wieder die Bestätigung, daß keiner sie mag und niemand ihr gerecht wird. Daß die ganze Szene inzwischen so hochgeschaukelt ist, daß sie schon weit über die Institutionen hinaus bekannt ist, in denen sie Patientin, Klientin, Gefangene war, macht alles nur noch schlimmer.

Andererseits hat Karin tatsächlich über Jahrzehnte in allen Institutionen Gewalt erfahren, während ihre eigenen Aggressivitäten stets bestraft wurden.

Diese Bedingungen können bereits *unabhängig* voneinander zur Selbstzerstörung führen: die selbst empfundene Unwertigkeit, die Bedeutungslosigkeit für andere, die mangelnde Bindungsfähigkeit auf Grund mangelnder Bindungen einerseits und die unterdrückte Aggressivität andererseits, die sie gegen Fremde nicht ausüben darf und die sich im Umkehreffekt dann gegen sie selber richtet.

Karin wird sich möglicherweise eines Tages selber umbringen – aber ihr «Selbstmord» wird wahrscheinlich trotz unzähliger vorangegangener «Selbstmordversuche» ein Unfall sein: Sie wird die Medikamente zu hoch dosieren, sie wird die falsche und somit tödliche Kombination schlucken, ihr Kreislauf wird eines dieser Experimente nicht mehr mitmachen und sei es, weil er kurzfristig durch eine Erkältung geschwächt ist. Oder aber sie wird bei einer ihrer Klettertouren im Vollrausch abrutschen, beim Pulsaderaufschneiden nicht gleich Hilfe finden und durch den Blutverlust einen Schock erleiden, oder sie wird mit der Rasierklinge doch einmal den Schnitt am Hals etwas zu tief legen.

Karin will leben, sehr verbissen sogar. Aber sie will nicht *so* leben, wie sie auf Grund ihrer Biographie und ihres Verhaltens leben muß. Sie hat Träume und Illusionen und gleichzeitig hindert ihr Haß auf und ihre Enttäuschung über die Umwelt sie, sich so weit den gängigen Normen anzupassen, daß auch die Umwelt mit ihr in Frieden leben kann. Sie hat bislang nur in Ansätzen begriffen, daß ihr Traum von einem trauten Heim mit Blümchengeschirr und Flokatiteppich mit ihrem eigenen Verhalten zusammenhängt. «Es kommt dann einfach über mich», nennt sie es, wenn sie zuschlagen «muß» oder wenn sie sich selber schwere Schäden zufügt. Die Auslöser sind jeweils minimal (so geht ein Freund nicht ans Telefon), die Folgen sind katastrophal (sie schluckt eine Röhre Beruhigungsmittel und spült sie mit Alkohol hinunter). Der Freund, der nicht ans Telefon geht, bedeutet eine totale Absage an sie als Menschen – da kann sie nicht anders als ihr eigenes Unwertgefühl in selbstzerstörerisches Handeln umzusetzen. Mit einer Ohrfeige zerschlägt sie sich alle Träume und beweint dann aus dem Knast heraus die Folgen, für die sie alle anderen, nur nicht sich selber verantwortlich macht.

Wie sehr die Selbstbeschädigung zu Karins Alltag gehört, zeigen ihre Tagebuchnotizen. Während sie sich seitenlang darüber aufregen kann, daß ihr die Krankenschwester in der Psychiatrie ihr Feuerzeug weggenommen hat (und das mehrmals pro Woche), widmet sie dem 3 cm langen Schnitt mit der Rasierklinge quer über die Halsschlagader einen ganzen Satz: «Danach schnitt ich mir unter Alkohol den Hals und die Pulsader auf und fand mich im Landeskrankenhaus wieder» (20. 6. 1984). Dieses lakonisch mitgeteilte Ereignis ist beispielhaft und beinhaltet die ganze Palette ihrer Selbstmordmotive: Karin wurde im Vollrausch in die Ausnüchterungszelle des nächstgelegenen Polizeireviers gebracht – ein schon für alle Beteiligten vertrauter Vorgang. Als sie sich dort eingeschlossen fand, schnitt sie sich Hals und Pulsader auf – sehr wohl wissend, daß diese Aktion «Erfolg» haben würde. «Ich habe ja auch erreicht, was ich wollte», sagte sie ein paar Tage später, «sie mußten mich ja rauslassen!»

Ein Selbstmord in der Ausnüchterungszelle ist das letzte, was ein Polizeibeamter auf seinem Revier möchte. Sie alle wissen sehr wohl von Karins aggressiver und autoaggressiver Vorgeschichte, aber keiner will der «Letzte» sein, den die Hunde beißen auf der obligatorischen Suche nach einem Schuldigen, die bei jedem Selbstmord anhebt.

Der Schnitt in den Unterarm, das weiß Karin als Knasterfahrene, reißt in diesem Milieu niemanden mehr vom Hocker – da müssen schon andere Mittel eingesetzt werden. Und es wird der eigene Tod riskiert! Im Falle des Eingesperrtseins vermischen sich das erpresserische Zweckverhalten und die Bereitschaft, in dieser Situation zu sterben, zu einem unentwirrbaren Ganzen. «Nur raus, ob tot oder lebendig – und mit welchen Mitteln auch immer» lautet die Devise! Damit bekommt die Selbstbeschädigung dieselbe Qualität wie bei manchen Tieren, die – in die Falle geraten – sich selber die eingeklemmte Pfote abbeißen, um lieber dreibeinig weiterzuleben als vierbeinig zu sterben.

Das ist dann nicht mehr Selbstzerstörung – sondern ein Mittel der Selbsterhaltung: der «Selbstmordversuch» als einziger Ausweg, als

erlerntes Konfliktlösungsverhalten, das (fast) immer wirkt, weil alle
Angst haben, letztlich die Schuldigen zu sein!

Nüchtern will Karin leben. Aber betrunken bricht ihr Haß gegen
andere und gegen sich selbst so weit Bahn, daß sie sich in höchste
Lebensgefahr begibt.

Aber nicht nur die eindeutigen Selbstbeschädigungen, die Selbstmordversuche, die halsbrecherischen Unternehmungen sind es, die
anzeigen, wie wenig Karin ihr Leben zu leben in der Lage ist. In ihrem
Lebenslauf schildert sie, wie mit Zeitraffer, Phasen ihrer Biographie,
die ein einziger Sog nach unten sind: Alkohol, Tabletten und Gewalt
wechseln sich in schneller Folge ab oder werden sogar kombiniert.
Daß ihre Sucht selbstzerstörerischen Charakter hat, ist Karin zu jeder
Zeit bewußt. Aber sie läßt es darauf ankommen wie bei einem Spiel:

sieg ich gegen mich oder verliere ich gegen mich? Sie selber ist ihr schärfster Feind. Manchmal steht sie neben sich und betrachtet voller Verzweiflung das Werk der Zerstörung – und kann nicht glauben, daß sie selbst es angerichtet hat.

«Ich weiß, daß ich mich nicht mehr ändern kann, denn bei mir ist so ziemlich alles zerstört und ich habe auch keinen Mut neu anzufangen, mir fehlt jegliche Motivation. Den Berg hinabzusteigen ist leichter als hinaufzusteigen. Ich habe mich für das leichtere entschieden, zumal ich ja schon unten bin. Ich glaube, tiefer geht's im Leben nicht mehr, nach Penners kommt nichts mehr!»
(Karin, November 1982)

# IX. Was kostet eine Pennerin?
## oder: Lebenslänglich für den Staat

Karin hat nicht mehr die Absicht, jemals in ihrem Leben zu arbeiten. Wozu? Sie schafft es doch nie – immer diese Schwierigkeiten! Ständig bekommt sie Ärger, immer mal wieder eine Prügelei, die fristlose Kündigung nach sich zieht. Und überhaupt: Bock hat sie auch nicht.

Sie braucht auch keinen «Bock» zu haben: der Staat sorgt schon. Als Stadtstreicherin bekommt sie ihren Lebensunterhalt vom Sozialamt, ebenso die Miete, die Kohlen (zum Zeitpunkt der Fertigstellung des Manuskriptes ist sie gerade glückliche Bewohnerin einer Ein-Zimmer-Wohnung mit Flur, Küche und Duschbad), die Erstausstattung für die Wohnung – angefangen von der Frotteewäsche über das vierundzwanzigteilige Eßbesteck bis hin zu Töpfen und Pfanne. Sie bekommt Kleidung, wenngleich nicht üppig und nicht vom Besten, aber für die Schuhe wird ebenso gesorgt wie für Jacke, Jeans und Unterwäsche. Auch die zahllosen Medikamente, die nach Karins Schilderung der freundliche Arzt aus der Bahnhofstraße nach Belieben seiner Patientin verschreibt, zahlt der Staat. Und die Arztrechnungen selbstverständlich auch. Die Transporte ins Krankenhaus bei Alkoholmißbrauch, die Notoperationen nach den unzähligen Selbstbeschädigungen – alles, alles übernimmt das Sozialamt.

Aber auch andere Ämter werden zur Kasse gebeten: da sind die Alkoholikerkuren zu finanzieren, einschließlich des Taschengeldes, das der Patientin in dieser Zeit zusteht. Der Blaukreuz-Verein zahlt die Flugkosten in die Heilanstalt, die Heilsarmee und das Rote Kreuz verteilen Kleidung und Essen, und Generationen von Sozialarbeitern kommunaler und freier Träger verbringen Tausende von Stunden damit, Karin zu resozialisieren, zu beraten, zu stützen, zu trösten, nachzuerziehen, für sie Briefe zu schreiben, für sie herumzutelefonieren.

Für Karin ist das alles selbstverständlich. Das steht ihr alles zu. Sie ist nicht nur aufgeklärte Bürgerin, die weiß, was es wo gibt, sondern sie hat auch die ausgesprochene Sozialhilfeempfängermentalität, die ausdrückt: der Staat schuldet mir alles, ich schulde ihm nichts. Es ist nicht die Mentalität der verschämten Armen, die erst im Sozialamt dazu gedrängt werden, nach fünf Jahren mal wieder ein paar Schuhe zu beantragen oder die erst eine neue Hose haben möchten, wenn die alte schon in Fetzen auf dem Körper hängt. Man kann Karins Haltung «Mentalität» nennen, man kann aber auch «Erfahrung» sagen! Karin hat noch nie tatsächlich auf Dauer für sich selber sorgen müssen. Sie hat in ihrem bisher sechsunddreißigjährigen Leben zwar zusammengerechnet rund drei Jahre gearbeitet, sich selbst ernährt, bekleidet, ihre Miete und ihre Sozialabgaben bezahlt – aber als sie das nicht mehr tat, ging es auch! In ihren Kinder- und Erziehungsheimen war automatisch alles da. Als Heimkind wußte sie weder, daß Milch von der Kuh noch Nahrungsmittel vom Kaufmann kommen und daß für alles bezahlt werden muß. Es kam alles aus der Küche und war vorhanden. Die Kleidung kam aus der Kleiderkammer, die Schulbücher wurden zum Schuljahresbeginn verteilt, ebenso wie Hefte, Stifte und Handarbeitsmaterialien.

Als später das Arbeitsamt dem Sozialamt mitteilte, Karin sei nicht vermittelbar – wobei die hohe Arbeitslosenquote eine größere Rolle spielte als Karin als individuelle Arbeitnehmerin – kam das Geld auch wieder herein. Das Wohnheim mit Einzelzimmer, geheizt, möbliert und beleuchtet stand zur Verfügung, und jeden Morgen bis 10 Uhr gibt es «elf Mark und ein paar Zerquetschte» für die Morgenzeitung, den Kaffee, den Rotwein, das Würstchen mit Pommes frites.

Karin hat gelernt, was der Staat denen zu bieten hat, die sich darauf verstehen. Und sie hat gelernt, an Mitleid, schlechtes Gewissen und staatsbürgerliche Mitverantwortung der von ihr so beschimpften und gleichzeitig so beneideten «Spießbürger» zu appellieren. Und wenn das alles nichts hilft, genügt der Hinweis, daß – wenn dieses oder jenes nicht geschieht – sie wieder abrutschen würde. Das bedeutete wieder Knast – und der sei dann endgültig die Endstation. Und wer will das schon!?

Wer kann hier noch nach schuldig oder unschuldig unterscheiden? Als Karin aus der letzten Entziehungskur entlassen wurde, fiel sie wieder auf die Straße. Eine Bleibe für sie zu suchen oder ihr bei der Suche aktiv behilflich zu sein, war offenbar im Therapieplan «nicht mehr drin». Karin hielt sich tapfer: sie war sechs Wochen «trocken» – und das in Pennerkreisen! Sie lief immer wieder zum Wohnungsamt, sie schrieb auf Anzeigen und handelte sich dabei eine ganze Portion unmoralischer Angebote ein. Sie beschritt den üblichen «bürgerlichen», sozial anerkannten Weg, etwas zu erreichen. Keiner fruchtete, niemand wollte sie – obwohl sie eine Mietkostenzusage des Sozialamtes in der Tasche trug (und welcher Mieter ist zuverlässiger in seinen Zahlungen als der, dessen Miete vom Staat überwiesen wird?).

Als alles nichts brachte, gab sie nach sechs Wochen auf und bemühte sich um gar nichts mehr. Sie ließ sich fallen, wechselte zwischen Alkohol und Tabletten, manchmal kombinierte sie auch, prügelte sich mit Stadtstreichern und Polizisten und war wieder ganz «die alte». Dann kam ihr aber ein Zufall zu Hilfe – und aus «Zufällen» dieser Qualität hat Karin Zeit ihres Lebens ihren Mutterwitz, ihre Überlebensstrategien, ihre Erfahrungen mit dem Sozialamt geschöpft: als sie eines abends volltrunken auf der Straße von mehreren jungen Leuten verlacht und beschimpft wurde, zog sie ihre nicht geladene Schreckschußpistole und drohte damit. Die jungen Leute verschwanden augenblicklich. Der andere Erfolg jedoch war größer: im Wohnheim bekam man offenbar Angst. Eine Sozialarbeiterin ließ sich die Pistole zeigen und erklären. Sie ließ sich auch versichern, wie harmlos das alles sei. Nachdem Karin auf die mehrfachen dringenden Aufforderungen, sich doch weiter um die Wohnungssuche zu bemühen, nicht mehr reagierte («wieso, mir geht's doch gut hier!»), beeilten sich die Sozialarbeiter, schnurstracks selber eine Wohnung für die (gefährliche) Klientin zu suchen. Und siehe da: die Suche hatte innerhalb weniger Wochen Erfolg.

Und die Lehre, die Karin zum vielhundertstenmal aus Vorfällen dieser Art gezogen hat? Ich brauche mich nur aggressiv, gefährlich, drohend, einschüchternd zu verhalten, schon geschieht etwas in meinem Interesse. Nicht der anerkannte Weg, nicht der Versuch einer menschenwürdigen Konfliktlösung, nicht der Appell an Vernunft und Verantwortung, sondern die rohe Gewalt sind es, die zum Erfolg führen.

Und nicht nur sie selber hat dieses Schema immer und immer wieder erfolgreich angewendet – sie hat auch durch Anschauung gelernt: im Knast wurde sie gefesselt und getreten, beschimpft und geschubst. In der Psychiatrie wurde sie fixiert und sediert, im Heim und in der Pflegestelle bekam sie Prügel, wurde eingesperrt und ausgeschlossen, im Gerichtssaal wurde sie verachtet, auf der Straße verlacht und beschimpft, in der Arbeitsstelle beleidigt und gedemütigt.

Karin hat gelernt: wenn andere bei mir etwas erreichen wollen, wenden sie Gewalt an – verbale, physische, psychische. Das tun sie, weil sie die Mächtigeren sind. Dann muß ich nachgeben, dann habe ich verloren.

Was sie jedoch offenbar nie begriffen hat ist, daß diese Durchsetzungsstrategien nicht bei ihr funktionieren, weil sie Abhängige, Isolierte, Außenseiterin ist. Sie zieht zwangsläufig den kürzeren – mit Ausnahme einiger weniger Glücksfälle, in denen sie durch abweichendes Verhalten etwas erreicht (Pistole–Wohnung!). Und diese Strategien haben auch nur bei Sozialpädagogen Erfolg, die auf Druck und Angsterzeugung (über-)reagieren, die sich als soziales Gewissen der ganzen Gesellschaft verstehen wollen und alsdann in Aktivitäten *für* den «armen Klienten» ausbrechen. Da wird organisiert und geschenkt, getippt und telefoniert, verziehen und verstanden, akzeptiert und identifiziert.

# Üble Nachrede

Mit Abscheu haben wir Ihren Artikel „Geschäftsmann schloß in der Passerelle seine acht Läden" gelesen, und lassen es nicht zu, uns weiterhin mit solchen banalen Behauptungen, die uns Stadtstreichern unterstellt werden, zu provozieren. Ansonsten sind wir gezwungen, gegen Herrn Bsat Anzeige wegen übler Nachrede zu stellen. Wenn Herr Bsat sich in den von ihm erwartete Umsätzen verkalkuliert hat, soll er die Suppe alleine wieder auslöffeln; wir bleiben bei unserem Schnaps. – Es trifft zwar zu, daß wir abends besoffen sind und uns auch „mal" prügeln, da auch Spinner unter uns weilen; aber wir vertreiben keine Kunden, noch pöbeln wir Passanten an. Was die Bettelei angeht, so sind wir doch richtig informiert, daß Betteln nicht strafbar ist, und außerdem wird nie in der Nähe der Läden gebettelt. Daß wir mit anderen Geschäftsleuten in der Passerelle Ärger haben sollen, erfuhren wir erst aus der Presse. Nun ja: „Unrecht ist menschlich, menschlicher aber Kampf gegen Unrecht" (Bertolt Brecht). Im Namen meiner Kumpels

Hannover              Karin B██████
Stadtstreicherin bzw. Pennerin

*Hannoversche Allgemeine Zeitung* vom 13. 4. 1981

Wer will es da einem Außenseiter der Gesellschaft übelnehmen, wenn er sich die bequemsten Wege sucht?

Das BSHG (Bundessozialhilfegesetz) ist für viele Menschen eine Form der materiellen Krisenintervention, allenfalls eine Zwischenlösung, die es so eilig wie möglich wieder zu verlassen gilt. Wer jedoch erst einmal gelernt hat, alle Mittel auszuschöpfen und sich das sonst noch Erforderliche auf irgendeine Weise zu «organisieren», kann damit gut über Jahrzehnte sein Leben fristen – und er kann auch stets mit dem schlechten Gewissen staatlicher und kirchlicher Organisationen rechnen. Und sei es das schlechte Gewissen über die eigenen Aggressionen gegenüber diesem bewußt parasitären Verhalten.

Karin ist körperlich kerngesund. Nicht einmal die mehr als zehn Jahre Pennermilieu, die kiloweise verordneten und organisierten Medikamente und der Fusel haben bisher ihrer Leber geschadet. Auch geistig ist sie fit. Sie kann diskutieren und argumentieren. Sie kennt ihre Rechte und weiß sie durchzusetzen. Sie liest Bukowski, Wallraff und Böll. Sie ist im Regionalgeschehen bewandert – die Tageszeitung gehört in ihr tägliches Ritual. Und wenn ihr ein Artikel mißhagt, schreibt sie auch mal einen Leserbrief, den sie mit Brecht-Zitaten würzt.

Karin hat alle geistigen und körperlichen Voraussetzungen zu einem «normalen», das heißt selbstverantwortlichen Leben, zu dem auch die materielle Selbstversorgung und der Beitrag zum Gemeinwesen gehören. Aber der Staat in Form der «öffentlichen Erziehung» hat sich hier eine Klientin geschaffen, die er wahrscheinlich lebenslänglich versorgen muß, will er als Sozialstaat gelten. Von Resozialisierung kann dabei nicht die Rede sein, denn auf diese Art wird nichts geschaffen, was sich im Endergebnis mit «sozialisiert» bezeichnen läßt. Trotz guter körperlicher und geistiger Gesundheit wird Karin wie eine Schwerstbehinderte lebenslang staatlich versorgt werden, weil – nachweisbar an verschiedenen Stationen ihres Lebens – Institutionen sich vor Entscheidungen drückten, «Sachzwänge» vorschoben, Weichen falsch stellten, trotz fachkundiger Belehrung herumexperimentierten und letztlich schon «aufgegeben» hatten, als Beeinflussung, Nacherziehung, Therapie noch möglich und erfolgreich gewesen wären.

Mit 21 Jahren war sie volljährig. In diesem Alter soll der Mensch für sich selbst verantwortlich sein. Hat er Verantwortung bis dahin nicht gelernt (nicht lernen können!) und wird sie ihm auch in der Folgezeit vom Sozialsystem ohne Gegenleistung abgenommen, dann tut sich für den Staat eine endlose Rechnung auf:

### Kostenaufstellung von Geburt bis zum 36. Lebensjahr

### Heimerziehung
(Von Geburt bis 20; 3 Jahre, abzüglich zwei
Pflegestellen und ein Berufseinsatz:

| | | |
|---|---|---|
| 19; 3 Jahre = 7045 Tage à 140, DM | 986 300 DM | |
| Pflegestelle (4 Wochen) | 350 DM | |
| Pflegestelle (6 Monate) | 2 100 DM | |
| | 988 750 DM | 988 750 DM |

### Strafvollzug (ermittelte Mindestzeiten)

| | | | |
|---|---|---|---|
| 1971 | : 7 Wochen | | |
| 1979 | : 5 Monate | ca. 450 Tage | |
| 1980 | : 2 Monate | à 80 DM | |
| 1982 | : 6 Monate | | 36 000 DM |

146

**Alkoholentziehungskuren** (ermittelte Mindestzeiten)

1972    : 6 Wochen ⎫
1973    : 4 Wochen ⎪
1974/75: 6 Monate ⎪
1976    : 6 Monate ⎬ ca. 740 Tage
1977    : 7 Wochen ⎪ à 130 DM
1978    : 3 Wochen ⎪
1983/84: 8 Monate ⎭

96 200 DM

**Psychiatrische Unterbringung/Behandlung**

1970    : 10 Tage ⎫
1973    : 4 Wochen ⎪ ca. 260 Tage
1977    : 4 Wochen ⎬ à 240 DM
1983    : 4,5 Monate ⎭

und mind. 10 Kurzaufenthalte nach Selbstbeschädigungen, Alkoholmißbrauch u. a.
von jeweils 1–3 Tagen

62 400 DM

**Wohnheim**

1973    : ca. 4 Wochen ⎫ ca. 210 Tage
1984    : ca. 6 Monate ⎬ à 40 DM

8 400 DM

**Sozialhilfe:**
ca. 7 Jahre ambulante Hilfen wie Schlichtwohnungs-
miete, Bekleidung, Heizung, Arzneikosten,
Krankenwagen, Arzt- und Krankenhauskosten,
Hilfe zum Lebensunterhalt (untere
Schätzgrenze mtl. 800 DM)

67 200 DM

**Sonstiges:**
Zweimal drei Jahre Bewährungshilfe, ca. 10 Jahre
«formlose Betreuung» durch freien Verband,
mehrere Jahre Betreuung durch Familienhilfe der
Stadt Hannover, fünf Gerichtsverfahren, Polizei-
und Feuerwehreinsätze, psychiatrische Gutachten,
angerichtete Schäden ... sind nicht zu berechnen.

**Ausgaben von 1948–1984 mindestens**      1 258 950 DM

Die Zahlen befinden sich auf dem Stand von 1984 der besseren Vergleichbarkeit wegen, weil alte Daten nicht mehr zur Verfügung stehen und weil auch die künftige Entwicklung der Kosten nicht vorhersagbar ist. Alle Kosten wurden nach unten abgerundet. Bei unterschiedlich hohen Tagessätzen wurde ein Durchschnitt errechnet bzw. eine realistische «Norm» eingesetzt. Beispiel: Die Tagessätze liegen in der Heimerziehung zwischen 90 und 280 DM. In der Berechnung wird von 140 DM ausgegangen.

Unter Zugrundelegung der Durchschnittskosten von 1984 belaufen sich die staatlichen Ausgaben für die Schaffung und die Erhaltung einer Stadtstreicherin innerhalb der ersten 36 Lebensjahre auf eineinviertel Millionen DM, wobei das Gros der ambulant geleisteten sozialarbeiterischen Aufgaben gar nicht berechnet werden konnte.

Zum Vergleich:

Ein «normal» sozialisierter Mensch hat bis zum 36. Lebensjahr seiner Familie ca. achtzehn Jahre lang Leistungen in Höhe von etwa 130 000 DM abverlangt (bei monatlich 600 DM Unkosten im Durchschnitt aller Altersstufen). Anschließend ist er in der Regel in der Lage, sich selbst zu erhalten. Außerdem leistet er für die Solidargemeinschaft

Abgaben in Form von Steuern, Versicherungsbeiträgen und anderen Aufwendungen. Er hat im Alter von 36 Jahren bereits 16 bis 18 Jahre lang zum Bruttosozialprodukt beigetragen. (Schule, Gesundheitswesen im allgemeinen, staatliche Verwaltung und ähnliches sind bei beiden Berechnungen nicht enthalten, da sie kaum berechenbar sind.)

Geht man davon aus, daß Karin noch 20 bis 30 Jahre leben wird (die durchschnittliche Lebenserwartung von Stadtstreichern ist nicht bekannt, kann aber auf Grund der hohen gesundheitlichen Belastungen, der Gewalttaten in den eigenen Reihen sowie der gehäuften Selbstbeschädigungen niedriger als bei der Normalbevölkerung angesetzt werden!) und kalkuliert man realistisch, daß sie in diesen Jahren weiterhin Sozialhilfe mit allen Ausschöpfungen des Bundessozialhilfegesetzes bezieht (inklusive sehr hoher Arzt-, Krankenhaus- und Medikamentenkosten!) kommen zu der oben errechneten Summe noch mindestens 200000 DM hinzu. Voraussetzung ist allerdings, daß Karin in den ganzen Jahren «trocken» und «straffrei» bleibt. Sonst werden statt der ca. 800 DM monatlich ca. 80 bis 240 DM täglich für den Strafvollzug, die Psychiatrie, Entziehungskuren und die Verwahrung bezahlt werden müssen.

Diese Berechnung mag den Eindruck der Lieblosigkeit erwecken. Sie mag Überlegungen in Gang setzen, wie und wo man einsparen kann bei den Außenseitern der Gesellschaft ... Dabei liegt der Fehler nicht im Geldausgeben, sondern in der mangelhaften Überprüfung, welche Zwecke erreicht, welche Ziele verfolgt werden sollen. Die lebenslange Abhängigkeit vom Staat kann es auf keinen Fall sein! Ist nicht mit der gleichen «Investition» etwas Zukunftsträchtigeres zu erreichen, das die Klientin befähigt, wenigstens noch die letzten 20 Jahre ihres Lebens für sich selber zu sorgen?

Bedenkt man, daß die Zahl der Stadtstreicher sich in der Bundesrepublik auf ca. 70000 belaufen soll, dann leistet sich der Sozialstaat hier einen enormen Luxus, ohne dabei (Re-)Sozialisierungsaufgaben zu übernehmen, die ein Ende der Zahlungen absehen ließen (vom Wert eines selbstbestimmten, verantwortlichen und sozialen Lebens einmal ganz abgesehen!).

Effektivitätsuntersuchungen in einem Sozialsystem sind anrüchig. Pädagogen und Sozialarbeiter erleben es als einen ungeheuren Affront, wenn ihr Tun und ihre Ausgaben daraufhin untersucht werden sollen, was sie unter dem Strich erbringen. Nur bleibt es fraglich, warum überhaupt Mittel und Personal, Kräfte und pädagogisches Wissen zur Verfügung gestellt werden, wenn «Erfolge» nicht angestrebt werden. Sonst müssen sie auch überprüfbar sein, weil anders nicht feststellbar ist, ob überhaupt zur rechten Zeit, mit den richtigen

Mitteln und den angemessenen Methoden gearbeitet worden ist – eine Überprüfung, vor der sich Sozialarbeit und Sozialpolitik nur allzugern mit vielen wohltönenden Argumenten, die das Humane herausstreichen sollen, drücken. Vielleicht ist es zu schmerzlich, zu sehen, daß alles Wirbeln und Bezahlen und Erziehen und Beraten nichts oder zu wenig «bringt»? Berechnungen für die «Masse» der Klienten können auch nie den Aufschluß über Sinn und Unsinn sozialstaatlichen Handelns in dem Ausmaß erbringen, wie die *Analyse eines Einzelfalles* – selbst wenn ein Großteil der Kosten nur auf dem untersten Niveau *geschätzt* und der Zeit- und Personaleinsatz überhaupt nicht berücksichtigt werden kann.

Karin wird den Staat letztlich eineinhalb bis zwei Millionen gekostet haben. Ein glückliches, zufriedenes Leben hat sie trotzdem nicht geführt. Es wurden lediglich die Institutionen beschäftigt und Heerscharen von Sozialbeamten in Lohn und Brot gesetzt.

# X. Letzter Versuch

Mein Zuhause ist:
    Der Knast
    Die Straße
    Das Irrenhaus!
Meine Zukunft ist:
    Das Nirgendwo.

(Karin P., 21. 6. 1983)

«Seit dem 6. 9. habe ich meine neue Wohnung bezogen, mit der ich sehr zufrieden bin. Auch die Einrichtung, was mich viel Nerven kostete, trotzdem Spaß machte, ist nicht zu bemängeln, d. h., ich brauche mich Besuchern gegenüber nicht zu schämen.»

Ein halbes Jahr nach Entlassung aus der Suchtkrankenklinik hat Karin endlich ihre ersehnte Wohnung. Sie selber hat es nicht geschafft: ihre Anläufe waren nur kurzfristig – vom Mißerfolgsdenken geprägt – und die Erfahrungen gaben ihr recht: man wollte sie nicht. Eine gemeinnützige Wohnungsbaugesellschaft stellte Nachforschungen über sie an – und sagte ab; ohne Begründung. Karin regte sich maßlos auf. Sie gab sofort alle weiteren Versuche auf.

Ich befragte einen Fachmann aus der Branche. «Wenn *die* schon absagen, muß aber anständig was vorliegen», sagte er. «Die stehen bei uns in dem Ruf, alles und jeden zu nehmen!»

Absage wegen Alkoholismus?

«Nein, das allein macht es nicht. Die Wohnungsbaugesellschaften unterscheiden bei Alkoholikern ohnehin zwischen dem Typ ‹stiller Säufer› und den Randalierern. Da wird noch einiges mehr sein, sonst hätte gerade diese Gesellschaft sie genommen!»

Natürlich ist «einiges mehr» – aber wie und wo und mit wessen Hilfe soll ein Mensch denn einen Neubeginn schaffen? Diese Frage beunruhigt mich am meisten. Karin beschäftigt hingegen eine ganz andere Frage: woher hat die Wohnungsbaugesellschaft detaillierte Angaben über sie erhalten? Und was ist eigentlich alles über sie bekannt, gespeichert, für alle Zeiten abrufbar? Und für wen wird sie auch in zukünftigen Jahren ein «gläserner Mensch» sein?

Die Wohnung haben dann letztlich wieder andere für sie beschafft. Die Mitarbeiterinnen des Frauenwohnheims haben sich mit dem Wohnungsamt in Verbindung gesetzt. Ihnen war der Umgang mit Karin zu «heiß» geworden: spätestens nachdem Karin auf der Straße vor dem Wohnheim mit einer Schreckschußpistole (als solche nicht zu erkennen) herumfuchtelte, um sich ein paar Jugendliche vom Hals zu halten, die sie wegen ihrer sichtbaren Trunkenheit veralberten. Außerdem hatte Karin erklärt, selber wegen einer Wohnung nichts mehr unternehmen zu wollen – im Frauenwohnheim habe sie ja außerdem alles und fühle sich dort wohl.

Karin bekommt also, weil man sie loswerden wollte, eine Wohnung zugewiesen. Offiziell zählt diese zu den städtischen Notunterkünften, liegt jedoch im Grünen, ist mit einer Straßenbahnlinie günstig von der Innenstadt aus zu erreichen und beinhaltet alles, was ein einzelner

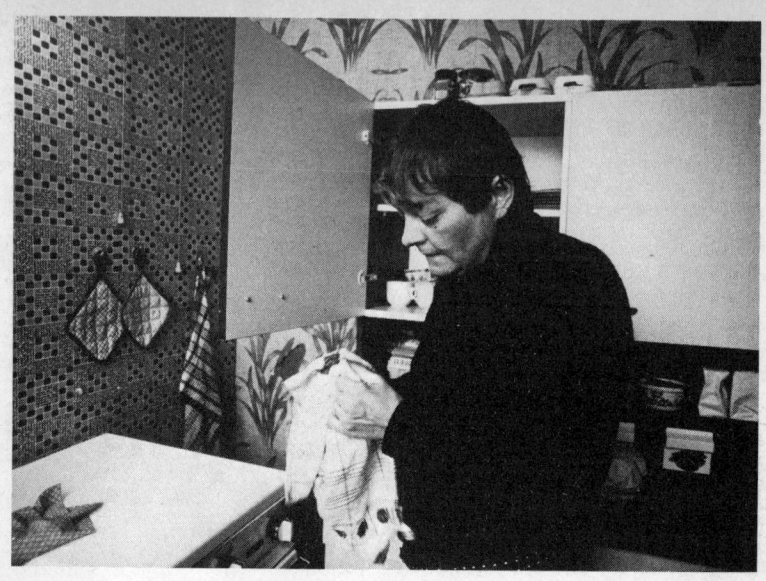

Mensch zum Wohnen braucht: kleiner Vorflur, Duschbad mit Waschbecken und WC, Küche und Wohnzimmer. Drei Wasseranschlüsse, Badeofen, Wohnzimmerofen, Küchenherd, große Fenster mit Blick auf (vom städtischen Gartenamt gepflegte!) Vorgärten mit schönem Baumbestand. Die Kaltmiete in Höhe von 64 DM trägt das Sozialamt. Kohlengeld wird in zwei Winterraten ebenfalls bezahlt.

Zwei Wochen nach Karins bejubeltem Einzug besuche ich sie in ihrer Wohnung. Ich möchte ihre Freude teilen und gleichzeitig möchte ich sehen, was sie noch alles für ihre Wohnung braucht. Außer einem Schlafsack und einigen Kleidungsstücken hatte sie bisher ja nichts besessen. Wir frühstücken gemeinsam. Was sie noch braucht, frage ich sie. «Einen Schreibtisch, vielleicht noch eine Tagesdecke», sagt sie. Sonst ist sie komplett eingerichtet: vom Besteck und Geschirr über eine Sitzgarnitur und den Flokatiteppich bis hin zu Glasvitrinen, Fernsehgerät und Kassettenrekorder mit Kopfhörern – griffbereit über dem Kopfkissen hängend – ist alles vorhanden.

Ich bin völlig verblüfft. Woher sie alles hat? «Vom Sozi», vom Frauenwohnheim, von ihrer Sozialarbeiterin, von Kumpels, organisiert, zusammengesammelt. Die Warmhaltekanne fehlt ebensowenig wie die neuen Gardinen. Die Übergardinen «kommen in den nächsten Tagen», sie werden im Gardinengeschäft noch genäht. Kosten-

träger: das Sozialamt. «Erstausstattung» nennt sich das, was Karin bekommen hat. Ohne etwas zu sagen, überlege ich, wer das alles bekommt, wenn Karin wieder inhaftiert wird und wie oft sie wohl noch mit Rechtsanspruch «erstausgestattet» werden wird.

Ich komme noch gar nicht aus dem Staunen heraus, als ich im Gespräch zunehmend merke, daß diese Leistung – eine komplett eingerichtete Ein-Zimmer-Wohnung innerhalb von vierzehn Tagen – für Karin durchaus eine Selbstverständlichkeit ist. Das steht ihr zu, das ist der Pfennig – wo bleibt die Mark? Immerhin hat sie die Einrichtung der Wohnung «viel Nerven gekostet». Als ich sie frage, was das Schild «Vorsicht Einsturzgefahr» auf dem dreisitzigen Leinensofa bedeutet, empört sie sich, daß «die im Frauenwohnheim nicht aufgepaßt haben. Wenn die genau geguckt hätten, dann hätten sie auch gesehen, daß der mittlere Sitz unten aufgetrennt ist und dann hätten sie das ja auch nähen können!»

Mir bleibt vor Staunen die Sprache aus. Und selber reparieren? Karin lacht und antwortet nicht. Zwei Monate später steht das Einsturzwarnschild noch immer auf dem Sofa.

Dieser «Hausbesuch» bringt mich in eine ambivalente Stimmung. Ich gönne Karin ihre schöne Wohnung, ich wünsche ihr von Herzen einen guten Neuanfang – auch wenn er schon wieder um ein halbes

Jahr zu spät kommt, ich möchte, daß sie endlich wieder Fuß faßt, zufriedener und ausgeglichener wird, daß sie sich «fängt», daß sie beginnt, ihrem Leben endlich etwas mehr Freude, Wohlbefinden, Hoffnung abzugewinnen.

Auf der anderen Seite begegne ich plötzlich einer Frau mit einem totalen Anspruchsdenken, einer typischen Sozialhilfeempfängermentalität, einer Haltung, die weder Eigeninitiative zuläßt noch fördert: Das alles steht mir laut Gesetz zu, dafür hat die Gesellschaft zu sorgen. Und wenn ich eine moderne Leinensitzgarnitur auf verchromtem Stahlrohr geschenkt bekomme, so hat diese auch repariert zu sein. Ich selber?

Es liegt völlig außerhalb Karins Denken, daß sie selber zu Nadel und Faden greifen und die Reparatur allein ausführen könnte – ganz zu schweigen vom Nähen der Stores und Übergardinen. Das sind Verpflichtungen des Staates, darauf hat sie einen Rechtsanspruch. Was keinem Studenten mit seiner «Bude», keinem jungen Lehrlingspärchen in seiner ersten Miniwohnung, keinem Berufsanfänger gelingt: innerhalb von zwei Wochen eine komplett eingerichtete Wohnung zu haben – fast ohne eigenen Beitrag, ohne eigene materielle Einschränkungen.

Aber woher soll Karin es auch haben, frage ich mich. In 33 von 36

156

Lebensjahren wurde Karin «totalversorgt»: mit Essen, Kleidung, Wohnung, Heizung, Taschengeld – im Heim, in der Pflegestelle, in der psychiatrischen Klinik, im Gefängnis, in der Trinkerheilanstalt. Es war immer alles da – zwar nicht üppig, aber zum Aushalten. Eigene Anstrengung wurde nicht gefragt, Selbstbeteiligung ist unüblich, Eigenverantwortung steht in keinem Erziehungs- und Therapieziel. Wann hätte da jemals die Idee aufkommen sollen: ich bin für mich selbst verantwortlich, wenn ich etwas haben will, muß ich mich dafür anstrengen!?

Noch während ich bei Karin Kaffee trinke, bringt der Postbote einen Brief per Zustellungsurkunde. Absender ist das Landgericht. Irgendwelche unwesentliche Aktenverfügung wird mitgeteilt – nichts Neues, aber Karins Hände beginnen zu zittern. Kaum schafft sie es, den Brief aufzureißen. Die Vergangenheit hat sie wieder eingeholt. Das Damoklesschwert einer oder mehrerer Gerichtsverhandlungen über die Straftaten der letzten sechs Monate hängt über ihr. In den kommenden Monaten gibt es für Karin nur noch ein Thema: muß ich wieder ins Gefängnis und verliere wieder alles, was ich jetzt besitze oder geht dieser Kelch noch einmal an mir vorüber? Von dem Tage an, an dem sie erfuhr, daß sie eine Wohnung bekommen würde, blieb sie «trocken». Kein Tropfen Alkohol mehr – es gibt wieder Zukunft. Das Gericht *muß* diese Leistung doch anerkennen!!

«Aber wenn die Justiz jetzt versuchen will, meinen Werdegang zu zerstören, würde ich wieder anfangen zu saufen und eventuell eine Wahnsinnstat begehen», schreibt Karin sechs Tage nach Einzug in ihre Wohnung. Ein paar Tage später vermerkt sie: «Seitdem ich keinen Alkohol und keine Tabletten mehr zu mir nehme, geht es mir von Tag zu Tag besser. Gestern habe ich zum erstenmal ausgiebig einen Spaziergang unternommen, bei dem ich mir meine Umgebung ansah. Anschließend brachte ich den Rest meiner Wohnung auf Hochglanz. Bis auf die Übergardinen, die ich am Freitag abhole, ist meine Wohnung komplett eingerichtet und gesäubert. Ich bin sehr stolz auf mich. Ich hoffe, daß es so bleibt.»

Aber fünf Tage später hat sich schon wieder etwas geändert: «Ich habe heute vier Repocal eingenommen und vorgestern sechs Repocal eingepfiffen. Auch diese Tabletten wurden mir von Dr. P. verschrieben, ohne daß er mich gesehen hat ... Aus seiner Sicht bin ich nicht tablettenabhängig, wie soll er es auch wissen, wenn er mich in dieser Hinsicht nicht zu sehen bekam.» Am nächsten Tag noch mal vier Repocal «eingepfiffen». «Ich hoffe, daß das das letzte Mal war.»

Trotz Einnahme von schweren Schlafmitteln sitzt Karin jeden Morgen ab zwei oder drei Uhr am Tisch, liest, trinkt Kaffee, schreibt Ta-

Karin P. sammelt Behördenstempel

gebuch. Der Schlafrhythmus ist suchtbedingt «hin» – aber Karin fühlt
sich wohl: «Ich gehe jetzt in die fünfte Woche mit einem klaren Verstand. Hoffentlich packe ich es diesmal länger als ‹nur› acht Wochen.»

Bevor sie es aber nun «packt», packt sie erst einmal anderweitig zu.
Sie spielt «Recht und Ordnung» und informiert einen Journalisten
über die (noch nicht einmal so unübliche) Verschreibungspraxis eines
praktischen Arztes, den sie selber lange angezapft hat und der in früheren Tagebuchaufzeichnungen von ihr stets «Hurra»-Rufe erntete
ob seiner großzügigen Unterschriften für ihre Suchtmittel.

Plötzlich beschließt Karin, daß es so nicht weiterginge – ist es ein
Versuch, sich selber den (Suchtmittel-)Hahn zuzudrehen? Will sie
auch mal zulangen, auch mal Macht spüren, einmal «auf der anderen
Seite» stehen?

Der Journalist ist zunächst ungläubig, geht dann aber mit ins Wartezimmer und erlebt, wie Karin innerhalb weniger Minuten ein auf einem Schmierzettel angefordertes Schlafmittelrezept durch die Klappe geschoben bekommt. Kostenträger: das Sozialamt. Dieses Ereignis löst eine langanhaltende Pressekampagne aus. Der Zeitungsartikel mit den Abbildungen von Karins Notizzettel und dem Rezept führt zu heftigen Diskussionen zwischen Ärzten und Ärztekammer. Der betreffende Arzt wird von der Kammer offiziell gerügt. Er bekommt einen Eintrag in seine Personalakte. «Wenn er jedoch wieder durch einen ähnlichen Vorfall in Erscheinung treten sollte, müsse er mit einem Disziplinarverfahren rechnen», schreibt die *Hannoversche Allgemeine Zeitung*.

Karin verfolgt den Stein, den sie ins Rollen gebracht hat, mit großem Interesse. Sie sammelt emsig die Zeitungsausschnitte und klebt sie fein säuberlich ein. Sie hat etwas bewirkt, bewegt, sie hat sich und anderen bewiesen, daß sie ein durchaus funktionsfähiges Mitglied der menschlichen Gesellschaft ist, in der es auch nicht so rein und lauter zugeht, wie es den Anschein haben soll, wenn «im Namen des Volkes» Recht (gegen sie) gesprochen wird.

Aber auch Rache spielt eine Rolle: «Dr. P. wird nur noch der Pillendoktor genannt und gehandelt wie Briefmarken. Wie oft habe ich schon von ihm ein Rezept bekommen. Ich kann sie schon gar nicht mehr zählen. Dr. P. diskriminiert die Stadtstreicher. Daher mein Grund, gegen ihn vorzugehen», kommentiert Karin den ersten Zeitungsartikel.

Die Wochen sind angefüllt mit der Freude über die neue Wohnung, mit meinem Manuskript, das sie liest, mit Journalistenterminen, die sie selber anrührt, mit einem Fototermin. Karin steht im Mittelpunkt – noch nicht einmal die Vorladung ins Polizeirevier kann sie erschüttern: sie erscheint flankiert von einem Redakteur und einem Pressefotografen. Karin genießt es. Sie ist endlich mal «wer». Auch in der Straßenbahn hat sie ihr Erfolgserlebnis besonderer Art: sie wird kontrolliert und – kann einen gültigen Fahrausweis vorzeigen! «Mir kann in dieser Hinsicht nichts mehr passieren», schreibt sie. «Ich besitze jetzt eine Monatskarte», und zur Illustration klebt sie diese auch gleich in ihr Tagebuch. Welches Gefühl der Sicherheit! Ihr kann nichts mehr passieren: sie hat eine Wohnung, d. h. den lebensnotwendigen «festen Wohnsitz», ohne den sie bei jeder kleinsten Verfehlung sonst hinter Gittern verschwinden würde, sie hat eine Monatskarte, sie hat Leute, die sie beschäftigt und die sich um sie kümmern – das Leben macht wieder Spaß, es hat wieder Inhalt.

Was wird passieren, wenn diese Euphorie abklingt, wenn die Wohnung als selbstverständlicher Alltag erlebt wird, wenn Karin mal keine heißen Tips mehr für die Presse hat und wenn sie von Journalisten nicht mehr als Kontaktperson zur Pennerszene gebraucht wird, weil auch dieses Thema mal ausgereizt ist? Das erste Ziel – die Wohnung – ist erreicht. Aber eine voll eingerichtete Wohnung ist noch kein Lebensinhalt! Wie wird es weitergehen? Wie wird Karin ihr Leben füllen, ihre Tage gestalten?

Karin ruft mich regelmäßig an. Wir besprechen Aktuelles, und nie vergißt sie, mir mit berechtigtem Stolz zu erzählen, daß sie nun schon sieben, zehn, zwölf Wochen trocken ist. An einem Montagvormittag meldet sie sich wieder. Sie klingt deprimiert, sehr verlangsamt. Wir verabreden uns für Donnerstag zum Abendessen. Ich koche extra, weil ich weiß, daß sie sich kaum jemals dieser Mühe unterzieht und damit sie mal eine feste warme Mahlzeit in den Magen bekommt.

Sie kommt eine halbe Stunde zu früh, schafft nur mit großer Mühe die vier Stockwerke, schläft beim Hereinkommen fast ein, kann sich kaum auf den Beinen halten. Ich schiebe ihr schnell einen Stuhl unter und frage. Am Morgen habe sie zwei Schlaftabletten genommen, berichtet sie, und davon sei sie noch so benommen. Aber es ginge schon wieder ganz gut. Ich habe zwar nicht den Eindruck und koche ihr erst mal einen starken Kaffee, der sie jedoch nicht wesentlich belebt. Dann essen wir. Sie sackt zunehmend in sich zusammen, liegt fast auf dem Teller. Immer wieder fällt ihr der Löffel aus der Hand. Sie hat Mühe, ihn wieder aufzunehmen. Ihre Reaktionen verlangsamen sich zusehends. Mir ist klar – es sind nicht nur die zwei Tabletten zum Frühstück gewesen. Als sie plötzlich auf den Balkon will, um dort eine Zigarette zu rauchen, untersage ich es ihr – das erste Mal, daß ich bei ihr bestimmend eingreife, solange ich denken kann. «In diesem Zustand nicht», sage ich, und Karin versteht sofort. Vermutlich denken wir beide an Baukräne und Kirchtürme, auf denen man Klettertouren veranstalten kann. Auf meinem Balkon gibt es nichts zu klettern, da fällt man gleich herunter. Als ich kurz das Zimmer verlasse, höre ich es klappern. Ich sehe nach. Karin setzt sich gerade wieder.

Mit Entsetzen sehe ich ihrem Verfall zu: Ihre Bewegungen sind unkoordiniert, sie kann sich kaum noch im Sessel halten. Ich beende diesen Versuch abrupt und will von ihr wissen, was und wieviel sie nun wirklich eingenommen hat und vor allem: wann! Sie zieht ein Notizbuch heraus, in das sie – pingelig wie ein deutscher Beamter – eingetragen hat, was sie alles so schluckt. Für diesen Tag sind es: «1 Repocal, 1 Staurodorm, 1 Normoc, 2 Repocal, 2 Daladorm, 2 Repocal» – peu à peu. Mit jedem Eintrag verändert sich die Handschrift, wird verwaschener, unklarer, zittriger. Kurz vor Betreten meiner Wohnung waren es die beiden letzten Pillen gewesen, und so wie sie zunehmend abbaut, waren es vermutlich noch zwei (nicht eingetragene), als ich das Zimmer kurz verließ – heruntergespült mit dem Nachtisch-Apfelmus. Zur Illustration führt Karin dann ihre Reserven vor: ein großes Medikamentenglas vollgestopft mit einer bunten Mischung von sieben verschiedenen, ausnahmslos starken Beruhigungs- und Schlafmitteln. Karin hat sie auf einem Plasterstreifen sorgsam notiert und als Etikett auf die Flasche geklebt. Ordnung muß sein. Dann zieht Karin ihr Portemonnaie – auch darin noch Briefchen mit rund zwei Dutzend Schlaftabletten. Sie ist sehr besorgt, daß ich ihr alles auch wieder zurückgebe.

Ich überlege, wie Karin nun nach Hause kommen soll. «Ich kann doch mit der Straßenbahn fahren», sagt sie. «Das tue ich doch immer – auch wenn ich Tabletten genommen habe.» Das scheint mir sehr riskant. Spontan würde ich beschließen, sie ins Klappbett zu verfrachten, mit heißer Milch und Honig – wie früher, wenn ich sie alle paar Tage auf Geheiß der Bahnpolizei von dort abholen mußte. Aber dann habe ich Angst. Plötzlich kommt es mir vor, als sei meine Wohnung voller Fenster und Balkontüren, voller Gasherde, Brotmesser und giftiger Substanzen – die ganze Wohnung voller Selbstmordmittel. Ich habe Angst. Ich kann nicht die ganze Nacht auf sie aufpassen, und ob ich sie zurückhalten könnte, ist auch noch die Frage. Außerdem habe ich ein Kind in der Wohnung.

Ein Auto besitze ich nicht, sonst würde ich sie kurzerhand nach Hause bringen. Ein Taxi? Ich könnte sie zum Wagen bringen, dem Fahrer die Adresse angeben und 20 Mark in die Hand drücken – aber ich sehe Konflikte voraus. Wenn Karin mit ihm Streit anfängt – und sei es nur wegen einer Zigarette –, setzt er sie kurzerhand an der nächsten Straßenecke ab. Außerdem weiß ich nicht, ob sie die Treppen zu ihrer Wohnung hoch schafft und ob sie oben angekommen nicht noch etwas in ihrem Zustand anrichtet.

In einem lichten Moment sagt Karin plötzlich: «In diesem Zustand hätte ich wohl lieber nicht zu Ihnen kommen sollen!» Spontan will ich bejahen – aber in welchem Zustand wollen wir «Sozialisierten» denn nur mit unserem Klientel, mit den Gestörten und Verstörten umgehen? Das übliche: wenn's dir gut geht, kannst du zu mir kommen, sonst bleib zu Hause? Daran krankt ohnehin unser gesamtes Sozialsystem, daß keiner je so einsam ist, als wenn es ihm schlecht geht. Und je einsamer er wird, um so schlechter geht es ihm.

Ich weiß keinen Rat. Ich versuche herumzutelefonieren, aber ausgerechnet an diesem Abend ist niemand zu Hause. Der einzige, den ich erreiche, sagt: «Ruf die Feuerwehr, frag um Rat.» Das mache ich. Ich sage, daß ich eine hilflose Person bei mir habe, ich könne den Medikamentenkonsum nicht abschätzen, auch nicht die Folgen bei dieser Zusammensetzung von Chemie. Da solle ich doch erst mal den ärztlichen Notdienst anrufen, wird mir beschieden, der könne ja dann den Krankenwagen rufen.

Mein Anruf dort zeigt, daß Sucht offenbar auch im medizinischen Bereich noch lange nicht als Krankheit anerkannt ist. «Tabletten genommen? Was glauben Sie, was hier los ist! Wann der Arzt kommen kann? Das kann ich Ihnen nicht sagen. Da haben wir noch ganz andere Fälle. Ein Neunundachtzigjähriger – mit 41 Fieber –, was glauben Sie! Und ständig kommen neue Anrufe, die gehen alle vor!» – «Wieviel Stunden muß ich denn etwa warten? Eine, zwei oder drei?» – «Kann ich nicht sagen!»

Kurzerhand rufe ich wieder die Feuerwehr an und teile mit, daß es drei Stunden dauern würde, bis der Notarzt käme, und so lange wollte ich nicht warten.«Wir kommen sofort», sagt darauf der freundliche Feuerwehrmann, und ich atme tief durch. Karin reagiert kaum noch. Mühsam schafft sie das Aufstehen, torkelt in die Küche. Ich denke, sie will ihren dort vergessenen Tabak holen, aber den hat sie gar nicht im Sinn. «Noch ein paar Tabletten» will sie in der Küche mit Wasser einnehmen, «damit ich im Krankenhaus wenigstens schlafen kann.» Ich ziehe sie protestierend auf den Flur.

Der Krankenwagen kommt sehr schnell. Als ich den beiden Krankenpflegern die Tür öffne, bleibt der ältere erstaunt stehen: «Na, Frau P., ist es mal wieder soweit!?» sagt er freundlich zu ihr. Er kennt sie schon lange, erkennt sie sofort wieder, hat auch ihren Namen parat, obwohl dieser in den Telefonaten noch gar nicht genannt worden war. Zwischen Karin und dem jungen Mann entspinnt sich dann ein langer Disput. Sie will ihre Zigarette nicht ausmachen, bevor sie den Krankenwagen besteigt. Der Krankenwagenfahrer ist von einer geradezu unerschöpflichen Geduld. Er spricht auf sie ein, redet ihr gut zu, erklärt, appelliert, bleibt ruhig und sanft. Ich bewundere ihn maßlos. Draußen steht der Krankenwagen mit laufendem Motor. Als die Zigarette fast zu Ende geraucht ist, gibt Karin ihren Widerstand auf. Bevor sie einsteigt, will sie aber erst noch «zwei Tabletten zum Schlafen» schlucken. Die Diskussion geht weiter. Dann läßt sie sich sanft in den Wagen schieben – und weint. Ich habe sie noch nie weinen sehen. Sie ist so hilflos wie ein kleines Kind. Sie hat Angst. «Wo bringen Sie mich hin? ... Stimmt das auch? ... Ich will nicht ins Landeskrankenhaus!»

Sie kommt auch nicht ins Landeskrankenhaus. Sie kommt in die

nächste dienstbereite Klinik – und nach 4 Stunden Ausschlafen wird
sie mit dem Krankenwagen wieder nach Hause gefahren. Am Tag
darauf bekomme ich eine Karte von ihr. Sie bittet um Entschuldigung.
Das nächste Mal käme sie sicher nüchtern ...

Am Neujahrstag 1985 schreibt Karin mir einen Brief:
«Ich wünsche mir, daß das Jahr 1985 besser wird, vor
allen Dingen ein freies und alkoholfreies Jahr wird. Zwar
ist meine psychische Stabilisierung stark ins Schwanken
geraten, aber ich hoffe, daß es kein Dauerzustand wird.
Die zeitweiligen Depressionen sind so stark, daß ich am
liebsten mit dem Kopf durch die Scheibe rennen möchte.
Dann gibt es wieder Momente, wo ich vor lauter Lust am
Leben schreien will. Das ist doch kein normaler Zustand!
Es ist jetzt 6.25 in der Früh, und ich schreibe Ihnen diese
Zeilen mit gemischten Gefühlen. Irgendwie so zwischen
Hoffnung und Resignation. Vielleicht wird es besser,
wenn ich später an die frische Luft komme. Ich habe
mich in letzter Zeit zu sehr eingeigelt, bin kaum noch aus
der Wohnung rausgegangen.
In diesem Jahr soll ja der Passerellenladen «MECKI» für
Nichtseßhafte und Stadtstreicher geöffnet werden. Ich

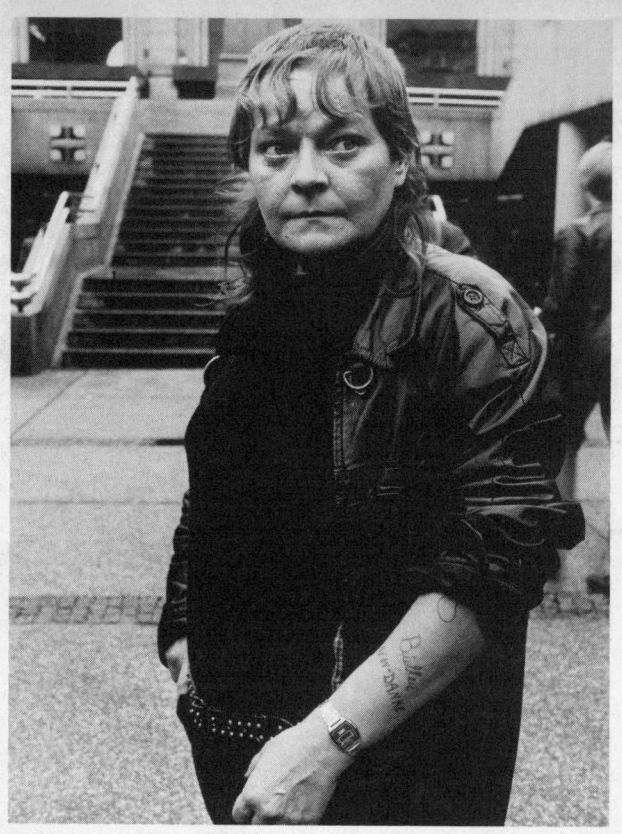

habe von dem zuständigen Dozenten * schon eine feste
Zusage bekommen, daß ich im Laden mithelfen kann,
z. B. Kaffee kochen, Räume säubern und auch sonstige
Sachen in Beratung, da ich ja sämtliche Stadtstreicher
kenne, was mir auch noch bezahlt werden soll. Nun,
noch ist es nicht soweit, aber ich hoffe, daß ich durch
diese Aktivität ausgeglichener werde.»

Nun ist alles offen. Eine lange Phase relativer Ruhe liegt hinter Karin
– lang für *ihre* Verhältnisse. Einer Alkoholentziehungskur sollte lebenslange «Trockenheit» folgen, nach einem Gefängnisaufenthalt

---

* der Evangelischen Fachhochschule Hannover

sollte der Straftäter geläutert, gebessert, geheilt sein. Diese Erwartungen sind illusionär bei einem Menschen, der durch Zwang, Druck und Gewalt «sozialisiert» wurde. Fünf Monate auf der Straße in Pennerkreisen ohne Alkoholkonsum und ohne aggressive Handlungen sind eine unermeßliche Leistung für diese verstörte und gestörte Frau.

Ob Karins Neujahrswünsche in Erfüllung gehen werden, muß die Zukunft zeigen. Gebraucht werden, Arbeit haben, Anerkennung finden, Sinn sehen, selber helfen können, mögen eine große Chance – vielleicht die erste wirkliche – für dieses trostlose Leben sein. Neue aggressive Durchbrüche unter Alkohol sind gleichermaßen möglich – ebenso wie pädagogische Fehlentscheidungen juristischer und psychiatrischer Institutionen, die alle guten Ansätze wieder im Keim ersticken.

Ein trostloses Leben. Ein gefährdetes Leben. Ein lohnenswertes Leben?

# Literaturhinweise

ADAMS, URSULA: Das Bemühen um die Gefährdetenhilfe. (§ 72 BSHG) *in*: ND d. DV Okt. 82, S. 320–322

ADERHOLD, DIETER: Nichtseßhaftigkeit. Eine Gesamtdarstellung des Problems der Nichtseßhaften in der mod. Gesellschaft nach Erscheinungsformen, statistischer Struktur und Ursachen. Köln 1970 (Kohlhammer)

ALBRECHT, GÜNTER: Nichtseßhaftigkeit – Das Phänomen und die Anforderungen an die Hilfe *in:* Sonderheft 1 der Gef. Hilfe (üb. Bundesarb. Tagung 1977 in Hann.)

ALBRECHT: Phänomenologie und Theorie der Nichtseßhaftigkeit *in:* Kriminolog. Journal 1/1978

Autoren-Team: Wie man Penner wird und bleibt, *in*: Psychologie heute, Juni 1976, S. 36–42

B., W. So erbärmlich? Soz. Mag. II/82 S. 12–13

BEHNKEN, GISELHER: «Ohne Arbeit kein Geld, ohne Geld keine Wohnung, ohne Wohnung keine Arbeit» – DIE ZEIT vom 15. 1. 1982

BERGMANN, KLAUS (Hg.): Abhauen. Flucht ins Glück. Reinbek 1981 (Rowohlt)

BERGMANN, KLAUS (Hg.): Schwarze Reportagen. Aus dem Leben der untersten Schichten vor 1914: Huren, Vagabunden, Lumpen. Reinbek 1984 (Rowohlt)

BERGIEN, WILLI: Möglichkeiten der Psychotherapie bei Nichtseßhaften – Beispiele aus der Praxis, *in:* Der Wanderer 2/66

BODELSCHWINGH, FRIEDR. VON: Ausgewählte Schriften, Bethel 1964

BODELSCHWINGH, FRIEDR. VON: Wirksamere Sozialhilfe und Sozialerziehung in den Arbeiterkolonien, *in:* Gefährdetenhilfe 4/1969, S. 97

BODELSCHWINGH, FRIEDR. VON: Die Ehre der Nichtseßhaften, *in*: Gefährdetenhilfe, 4/1975

BUNDESARBEITSGEMEINSCHAFT FÜR NICHTSESSHAFTENHILFE: Jahresbericht 1975, Bielefeld, 1975

BUNDESARBEITSGEMEINSCHAFT FÜR NICHTSESSHAFTENHILFE: «Statistik», Bethel 1976

BUNDESARBEITSGEMEINSCHAFT FÜR NICHTSESSHAFTENARBEIT: Phänomen «Nichtseßhaftigkeit» und die Anforderung an die Hilfe, Hannover 1977

BUNDESARBEITSGEMEINSCHAFT FÜR NICHTSESSHAFTE: Jahresbericht 1978, Bielefeld 1978

BUNDESMINISTERIUM FÜR JUGEND, FAMILIE UND GESUNDHEIT: Bericht über die Eingliederung von Personen mit besonderen sozialen Schwierigkeiten, Bonn, 1976

BSHG: § 72

CARITAS – Unser Standpunkt: Konzeption für eine differenzierte und integrierte Nichtseßhaftenhilfe der Caritas, Unser Standpunkt Nr. 8, 1977 (Freiburg)

CARITAS-VERBAND: Hilfe für Nichtseßhafte, Lambertus-Verlag, Freiburg 1979

CHRISTIANSEN: Obdachlos, weil arm, etition 2000, Gießen 1973

DAMRAU, EGON: Pädagogische Probleme der Nichtseßhaftigkeit. Darstellung und vergleichende Analyse. Schriftl. Hausarbeit 1. Staatsexam. Lehramt SOS, Universität Hannover, 4/81

«Der Berber»: (erste Zeitung für Nichtseßhafte), *an*: Initiative Nichtseßhaften-hilfe, c/o BeDo, Dobelstr. 7, 7000 Stuttgart 1

Der Wanderer: Nr. 8/1937

Deutscher Städtetag: Stadtstreicher – Kommunale Erfahrungen, Probleme, Ant-worten (– DST – Beiträge zum Kommunalrecht, Reihe B, Heft 3/1978

Diakonische Werke der Evangelischen Kirche in Deutschland, Evang. Fachver-band für Nichtseßhaftenhilfe (Hg.) «Nichtseßhafte», Stuttgart 1974

Didszuweit, J. R. und Klaus Kraemer: Von Tippelschicksen und Vagabunden. In: Sozialmagazin 7 + 8/1984, S. 62–67

Esser, Hartmut: Aufenthaltsdauer und die Eingliederung von Wanderern: Zur theoretischen Interpretation soziologischer «Variablen»; *in*: Zeitschr. f. Sozio-logie, 1/1981. S. 76–97

Everschor, Klaus-Peter: Mein Haus und seine seltsamen Gäste. In: Sozialma-gazin, Juni 1981, S. 22–23 (Penner-Wochenenden und -Urlaube in einem Land-haus)

Exner, Horst: In «menschenwürdiger Armut» leben. «Selbsthilfe Wohnungslo-ser» – Hannover: Allgem. Dtsch. Sonntagsblatt, 1. 2. 1981

Fischer, Petra u. Zoske, Ulrike: Aspekte der Freizeitgestaltung im Männer-wohnheim unter Berücksichtigung freizeit-soziologischer Theorien. Hausarbeit Uni Hannover 1979

Frank, Peter: Unstet und flüchtig. Wesen und Ursache der Nichtseßhaftigkeit. Bethel 1962

Frank, Peter: Was folgt daraus? Bericht über Tagg. der Bundesarbeitsgem. für Nichtseßhaftenhilfe in Essen vom 21.–22. 3. 63 (mit Entschließungen und Mu-ster-Hausordnungen) Bethel 1963

Frank, Peter: Die Rolle der Arbeiterkolonien und ihrer Übergangswohnheime in der Nichtseßhaftenfürsorge, *in*: Gefährdetenhilfe 1/1972, S. 2

Friessem, Dieter: Interaktionsformen in einem Asyl für Nichtseßhafte, *in*: Ge-fährdetenhilfe, 1/1974, S. 7

Glatzel, Paul: Einmal andere Gedanken über Nichtseßhafte, *in*: Dtsch. Polizei, 10/1966

Graul, Wolfgang: Institutionale Aspekte der Nichtseßhaftenarbeit, *in:* Gefähr-detenhilfe, 1/1976, S. 10

Gross, Silke: «Es ist davon auszugehen, daß ihnen ein Lebensrecht behördlicher-seits nicht bewilligt wird ...» Obdachlose – eine Alltagsgeschichte. In: Sozial-magazin 2/1980, S. 54–56

Hagedorn, Bernd-Olaf: Selbsthilfe – Penner besetzen ein Haus. (Stuttgart) (In-itiative Nichtseßhafte)

Hardege: Ziele der Klienten und Helfer, *in*: Gefährdetenhilfe, 4/1978

Hicke/Hersel: Vorschläge für eine zeitgemäße Hilfe für Nichtseßhafte, Juli 1977

Hoghe, Raimund: «Wie der Zarewitsch im Käfig – Die Geschichte eines Nicht-seßhaften, der seßhaft wurde in Bethel» Die Zeit, Nr. 43, 16. 10. 1981

Hoghe, Raimund: Wohnsitz «nirgendwo». Die Geschichte der Bruderschaft der Vagabunden. Die Zeit, 26. 2. 1982

Holtmannspötter, Heinrich: Die Nichtseßhaftenhilfe in der BRD. Zur Ent-wicklungsgeschichte und zur gegenwärtigen Lage, *in*: Gefährdetenhilfe (Gh. 1/1974)

Holtmannspötter, Heinrich: «Nichtseßhaftigkeit in Zahlen», *in*: Gefährdeten-hilfe 3/74

HOLTMANNSPÖTTER, HEINRICH: Immer mehr Seßhafte? *in*: Gefährdetenhilfe 3/76

HOLZACH, MICHAEL: Deutschland umsonst. Zu Fuß und ohne Geld durch ein Wohlstandsland. Hoffmann und Campe Verlag, Hamburg 1982

Kieler Nachrichten vom 14. 9. 81:
a) «Berber Kongreß» ohne Berber eröffnet
b) Statt Penner nur Presse.

KLÄGER, EMIL: Durch die Wiener Quartiere des Elends und Verbrechens. Ein Wanderbuch aus dem Abseits. Karl Mitschke Verlag, Wien 1908, ca. 150 S. Verzeichnis der Griaslersprache

KLEE, ERNST: Pennbrüder und Stadtstreicher. Nichtseßhaften-Report, Fischer Tb 4205/5.80, Ffm. 1979

KLEE, ERNST: Berber rebellieren. «Gemeinsam sind wir unausstehlich.» Die Zeit, 26. 6. 1981

KLEE, ERNST: Opfer oder Täter? Ein Medizinaldirektor und das »Zigeunerblut». Die Zeit v. 22. 1. 82

KLEIN, ROLAND: Szenen aus dem Abseits. Sozialmag. Jan. 81, S. 56–58 (Stuttgarter Probleme) (Sogwirkung)

KLOCKNER, CLEMENS: Über die Schwierigkeit, aus dem Dreck endgültig herauszukommen: Was passiert, wenn Obdachlose in neue Wohnungen kommen. Wie Sozialämter reagieren, *in*: Sozialmagazin 11/1980, S. 18–22

KÖHLER: Arme und Irre, Berlin 1977

LAKEMANN, ULRICH: Stigmatisierung und stationäre Hilfe im Problemfeld Nichtseßhaftigkeit, *in*: Gefährdetenhilfe, 1/1981, S. 4–8

M. KURT: Dann kriegt man 'ne Betreuungskarte ... Hilfsstellen in der Optik Nichtseßhafter, *in*: Gefährdetenhilfe, 4/1975

MARCINIAK, KARL-HEINZ: Nötige Maßnahmen und Methoden in den Arbeiterkolonien, *in* :Gefährdetenhilfe, 4/69, S. 99

MARCINIAK, KARL-HEINZ: Die ambulante Nichtseßhaftenhilfe, *in*: Phänomen Nichtseßhaftigkeit und die Anforderungen an die Hilfe, Hannover 1977 und 1979

MARTON, JANOS und FLOS, BIRGIT: Wunden, die nie mehr ganz heilen. Nichtseßhafte in New York. Soz. Mag. 5/81

MEIER, RAINER: Wohnsitz: nirgendwo, über: Ausstellung des Berliner Künstlerhauses Bethanien (Geschichte der Nichtseßhaften von 1850–heute).Photos von Bildern, wenig Text. Soz. Mag. 7–8/82

MÜLLER, NORBERT :Sozialarbeit im Spannungsfeld zwischen freien und öffentlichen Trägern der Sozialhilfe. (Bsp. Nichtseßhaftenhilfe, Stadt Ffm. in der Zeit v. 1970–1974)

MÜNCH, ULRICH: Wanderverhalten der Nichtseßhaften, *in*: Gefährdetenhilfe, 2/1976, S. 2

MÜNCH, ULRICH: Aspekte der Arbeit im Vorfeld der Nichtseßhaftigkeit, *in*: Gefährdetenhilfe, 4/1975, S. 13 f.

OSTWALD, HANS: Vagabunden. Frankfurt 1980 (Campus)

o. Verf.: Pennerleben. Soz.Mag., Okt. 81, S. 38 ff.

o. Verf.: Zuviel Engagement für Obdachlose? Soz.Mag. Mai 81, S. 10–11

o. Verf.: Neukonzeption in Hannover, *in*: Gefährdetenhilfe, 2/1976, S. 18

o. Verf.: Das «Lumpenproletariat» wächst an: Nichtseßhafte, *in*: Psychol. heute, 3/1981, S. 8–11

PÖRTNER, RUDOLF: Spott für die Welt – Die Vaganten (Reihe: Alternative Lebensformen), *in*: Westermann's Monatshefte 10, Okt. 82, S. 30–40

REIFARTH, H. K.: Ein unauffälliger Tod. Penner-Geschichte. Soz.Mag. Nov. 80

RÖHM: Nichtseßhaftenfürsorge aus der Sicht des Sozialamtes, *in*: Der Wanderer, 3/1959

ROTH, JÜRGEN: Armut in der Bundesrepublik. Reinbek 1979

SCHARNBERG, M. und NOBEL, ROLF: «Wir sind doch nicht der letzte Dreck». Soz.-Mag. III/82

SCHIED, HANS-WERNER: Gesichtspunkte einer Analyse der Institution Arbeiterkolonie Erlach und Vorschläge ihrer Veränderung, 1973 (versch. f. Manuskr.)

SCHMIDT/VEITH: Hirnorganische und somatrische Erkrankungen bei Nichtseßhaften, *in*: Caritas, Hilfe f. Nichtseßhafte, 3/Mai 1979

SIEVERTS, RUDOLF: Die Nichtseßhaften als Problem der Strafrechtspflege, *in*: Der Wanderer 3/59

Sozialamt der Stadt Stuttgart: Hilfe für Obdachlose und Nichtseßhafte in Stuttgart, Juni 1981

STRUNK, ANDREAS: Eine kleine Hilfe für Berber – stürzt sie ein? *in*: Soz. Mag., Sept. 81, S. 54 f.

SWIENTEK, CHRISTINE: Stadtstreicher – Penner – Berber. In: Deutsche Krankenpflegezeitschrift

WEBER, ROLAND: Der Teufelskreis, in dem sie sich bewegen. Nichtseßhafte. Soz. Mag., Juni 1980, S. 54–59

WEBER, ROTRAUT: Überlegungen zur Struktur des Hilfesystems für Gefährdete/Nichtseßhafte, *in*: Gefährdetenhilfe, 4/75, S. 4

WEBER, ROTRAUT: Körperlich-seelische Verfassung Gefährdeter, *in*: Gefährdetenhilfe, 2/76

WEEBER UND PARTNER: Hilfe für Gefährdete und Nichtseßhafte in Stuttgart. Grundlagen für einen Sozialplan, Stuttgart 1976

WESSALOWSKI, JÜRGEN: Der Sozialamtsbunker. Soz.Mag., Febr. 81

WICKERT, JOH./HELMES, D. u. a.: Therapie durch Veränderung der Wohnumwelt. Forschungsbericht Bd. I, hrsg. vom Diakon. Werk der Evang. Kirche

WICKERT, JOH./HELMES, D.: Arbeit und Beruf bei Nichtseßhaften. Forschungsbericht Bd. II, hrsg. vom Diakon. Werk der Evang. Kirche

WULLER, HEIKO (Hg.): Zwangseinweisung in die Psychiatrie. Bern 1982 (Huber)

W. B.: So erbärmlich? In: Sozialmagazin 2/1982, S. 12–13

*Zeitschriften:* «Der Berber», Initiative Nichtseßhaftenhilfe, Stuttgart; «Der Wanderer», Landeswohlfahrtswerk Bd.-Württ., Stuttgart. «Gefährdetenhilfe», 1/76, 2/76

Herausgegeben
von
Freimut Duve

C 2009/8

5633

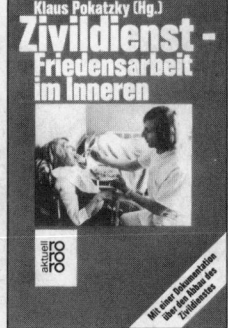

4838

**frauen aktuell**

**Eine
Auswahl**

**Heraus-
gegeben
von S. v.
Paczensky**

C 2078/5

# WIDER ★ SPRÜCHE

Zeitschrift für sozialistische Politik im Bildungs-Gesundheits-u. Sozialbereich

Heft 10
Februar 1984, DM 10,–

**QUALIFIKATION**
Lernen und Arbeiten... wofür?

*Bisher sind erschienen:*

## ÖKOLOGISCHE SOZIALPOLITIK?
(Heft 8)                88 Seiten, DM 6,–

## AUSLÄNDER
**Sündenböcke werden gemacht**
(Heft 9)                168 Seiten, DM 12,–

## QUALIFIKATION          (Heft 10)
**Arbeiten und Lernen... wofür?**

*Franz Grubauer:* Gesellschaftliche Qualifikationsvorstellungen in der Krise ● *Dirk Axmacher:* Politische Ökonomie des Ausbildungssektors – Schicksal und Erbe einer Theorie ● *Friedel Schütte:* Dequalifikation im "Reich der Notwendigkeit" – Qualifikation fürs 'Reich der Freiheit'? ● *Rainer Lehmann:* Arbeitslose? Fang dir einen! ● *Herbert Effinger:* Arbeit als solche – Zur Pädagogisierung abstrakter Arbeit ● *Wolfgang Völker:* Der zweite Arbeitsmarkt ● *Wolfgang Plum:* "Vorruhestands"-Regelung ● *Hermann Löffler:* "Gesundheit aktuell" ● Dazu: Ein Gespräch mit Mitgliedern der Fachgruppe Bildung der GAL Hamburg. 120 Seiten, DM 10,–.

## SCHULE IST SCHULE          (Heft 11)
**ist anpassen, wegtauchen, verändern**

*Wilfried Manke:* Legitimationskrise der Schule – Motivationskrise der Schüler ● *Roland Narr:* Tendenzwende in der Bildungspolitik ● *Andreas R. Schaarschuch:* Notizen zu bildungspolitischen Vorstellungen der GRÜNEN ● *Heinz Sünker:* Schulleben ● *Alfred Bietau, Ulrich Schubert:* Langeweile im Schulleben ● *Rita Marx:* Verhaltensgestört – was ist das? ● *Barbara Rose:* Eltern-Leben ● *Tjark Kunstreich, Nadja Raabe:* Autoritäten – Dialog zwischen Lehrern ● *Thomas Ziehe:* Von der Gemütlichkeit der Szene ● *Frank Düchting:* Außerschulische Bildungsarbeit mit Hauptschülern ● *Gerd Koch:* Pädagogik der Lernorte ● *Michael Hermann:* Autonome Jugendwerkstätten ● Diskussion ● Nachrichtenbörse ● Magazin ● Inhaltsverzeichnis 1981-1984 ● Sonderdruck: Alternative Sozialpolitik. 136 Seiten, DM 11,–.

---

**Planung:** Medien ● Familie ● Sozialpolitik
**Im Abonnement billiger:** Jahrgang 1984 (Heft 10-13) DM 40,– ● 1983 (Heft 6-9) DM 39,–
**Einfachstangebot zum Kennenlernen der "Widersprüche":** Schicken Sie uns einen 20,– DM-Schein und wir schicken Ihnen entweder den ersten Jahrgang (Heft 1-5) oder zwei Hefte nach Ihrer Wahl ● Prospekt anfordern